연세 시사 한국어

연세대학교 한국어학당 편

연세대학교 출판문화원

연세 시사한국어

편저자 연세대학교 한국어학당 교재편찬위원회
집필진 조현선·윤은미·김영희·채윤정
펴낸곳 연세대학교 출판문화원

주소 서울시 서대문구 연세로 50
등록 1955년 10월 13일 제9-60호
전화 02) 2123-3380~2
팩스 02) 2123-8673
전자우편 ysup@yonsei.ac.kr
웹사이트 www.yonsei.ac.kr/press
인쇄 네오프린텍(주)

2014년 8월 29일 1판 1쇄 2024년 6월 14일 1판 8쇄

ISBN 978-89-6850-071-8(08710)

값 20,000원 (CD포함)

머리말

올해로 65년째를 맞이하는 연세대학교 한국어학당은 국내 최고의 역사와 명성에 걸맞게 그동안 다양한 한국어 교재 편찬과 관련 연구를 해 옴으로써 한국어 교육을 선도해 왔다. 특히 최근에는 한국과 한국문화에 대한 관심이 아시아 지역을 넘어 미주, 유럽뿐만 아니라 중동, 아프리카에 이르기까지 전 세계로 확산됨에 따라 한국 문화와 한국어에 대한 관심과 수요도 늘어나고 있다. 해외 동포나 일부 외국인을 중심으로 이루어져 왔던 초창기의 한국어 교육이 이제는 다양한 목적과 요구를 지닌 학습자들을 대상으로 확산 추세에 있으며 교재에 대한 수요도 이와 함께 다양해지고 있는 것이다.

연세대학교 한국어학당은 그동안 일반 목적의 한국어 학습자뿐만 아니라 직업 목적의 학습자, 학문 목적의 학습자, 해외 동포 자녀 등 다양한 대상의 목적과 수요에 맞춘 교재를 지속적으로 개발, 출간해 왔다. 이번에 출판하는 '연세 시사한국어'는 특히 한국의 시사문제를 중점적으로 다루면서 한국사회에 대한 이해와 문화적 문식력을 향상시키고자 하였다. 이를 위해 한국의 뉴스, 방송 등에서 자주 접하게 되는 시사적인 주제를 정치, 경제, 사회, 문화, 국제, 과학, 교육, 생활, 안보, 환경 등 10개의 대주제 영역으로 분류하고, 영역별로 3개씩의 소주제를 선정하여 총 30개의 과로 구성하였다. 교재를 통하여 한국어 의사소통 능력을 향상시키는 데 그치지 않고, 문화 및 사고방식을 소개하고 배경지식을 제공해줌으로써 한국어와 한국에 대한 이해를 넓히고자 하였다. 특히 이 교재는 실제 언어를 반영하는 실제적 자료를 중심으로 텍스트를 구성하였으며 말하기, 듣기, 쓰기, 읽기 영역을 균형 있게 향상시킬 수 있도록 다양한 과제를 포함시킴으로써 학습 효과를 높이고자 하였다.

언어 교육은 목표어를 통한 의사소통 능력의 향상과 함께 목표 언어의 사회와 문화를 이해시키는 데 그 목적이 있다. 이 교재는 한국어와 함께 한국 사회와 문화를 알고자 하는 학습자들에게 많은 도움이 될 것으로 확신하며 한국어 교재 발전에도 큰 몫을 담당하리라고 본다. 연세대학교 언어연구교육원 한국어학당 교재편찬위원회는 앞으로도 학습자들의 요구와 기대에 부응하는 교재 개발을 위해 최선을 다할 것이다.

연세대학교 언어연구교육원
한국어학당 교재편찬위원회

일러두기

- 「연세 시사한국어」는 외국어로서의 한국어를 배우는 고급 학습자들이 신문 기사를 읽고 뉴스를 듣는 능력을 키움으로써 고급 수준의 한국어를 익히고 한국 사회와 문화를 더 깊이 있게 이해하는 데 도움을 주고자 하였다.

- 「연세 시사한국어」는 10개의 대주제, 그리고 각 대주제마다 3개씩의 소주제를 선정하여 총 30개 과로 구성하였고 부록에는 듣기 지문, 모범 답안, 참고 자료, 어휘 색인을 실었다.

- 각 과는 읽기 본문 또는 듣기 본문을 중심으로 구성이 되며 읽기 본문이 중심인 과는 관련 듣기 활동으로, 듣기 본문이 중심인 과는 관련 읽기 활동으로 학습을 심화 및 확장할 수 있도록 구성하였다.

- 각 과의 도입에서는 제목과 함께 학습 목표, 과제 및 활동을 소개하고 도입 사진(또는 그림)과 도입 질문을 제시해 주제에 대한 흥미를 유발시키고 학습자의 다양한 이야깃거리를 이끌어낼 수 있도록 하였다.

- 읽기 본문이 중심인 과는 읽기 본문, 새 어휘, 어휘 연습, 내용 이해 질문, 과제 및 활동, 관련 듣기 연습으로 구성하였다.

- 듣기 본문이 중심인 과는 새 어휘, 어휘 연습, 내용 이해 질문, 과제 및 활동, 관련 읽기 연습으로 구성하였다.

- 읽기 본문과 듣기 본문은 학습자가 다양한 시사 관련 글이나 이야기를 접함으로써 한국 사회에 대한 이해의 폭을 넓히고 읽기 및 듣기 능력을 향상시킬 수 있도록 구성하였다.

- 읽기 본문과 듣기 본문은 연설, 뉴스, 인터뷰, 토론, 좌담회, 칼럼, 사설 등으로 다양하게 구성하였다.

- 새 어휘는 각 과의 읽기 본문 또는 듣기 본문에서 고급 학습자에게 새로 제시할 만한 어휘를 다루었고 연습 문제 1, 2를 통해 의미와 용법을 숙지하도록 하였다. 연습 문제 3에서는 각 과의 주제와 관련된 확장 어휘를 익히도록 하였다.

- 내용 이해 질문은 읽거나 들은 본문의 내용을 학습자가 충분히 이해했는지를 확인할 수 있도록 구성하였다. 특히 듣기 본문이 중심인 과는 전체 듣기-단락별 나누어 듣기-전체 듣기의 순으로 듣고 단계적으로 문제를 풀게 함으로써 내용을 보다 쉽게 이해할 수 있도록 하였다.

- 과제 및 활동은 학습자가 말하기와 쓰기 활동을 통하여 각 과의 주제와 관련되어 배운 내용을 심화 학습할 수 있도록 통합적으로 구성하였다.

- 관련 듣기(관련 읽기) 연습은 각 과의 주제와 관련된 또 다른 본문과 이에 대한 연습 문제를 제시하여 학습자가 배운 내용을 심화하거나 확장하는 데에 도움을 주고자 하였다.

- 부록은 듣기 지문, 모범 답안, 참고 자료, 어휘 색인으로 구성되어 있다. 듣기 지문은 총 30개이며 모범 답안은 학습자의 의견을 묻는 문제를 제외한 모든 문제의 답을 제시하여 학습자가 혼자 공부하는 데에 도움이 되도록 하였다. 참고 자료에는 각 과와 관련하여 정보를 얻을 수 있도록 관련 기관이나 기구, 방송사, 신문사 등의 홈페이지 주소를 실었다. 어휘 색인에서는 각 과에서 다루어진 어휘를 가나다 순으로 정리하여 해당 과와 함께 제시하였다.

- 듣기 지문이 녹음된 CD를 첨부하였다.

내용 구성

과	대주제	소주제	제목	학습 목표
1	정치	선거	지키지 못할 공약은 이제 그만!	매니페스토 운동(공약 검증 운동)에 대한 글을 읽고 이해할 수 있다.
2		대통령 임기	대통령제, 중임제로 바꿔야	대통령제에 대한 이야기를 듣고 이해할 수 있다.
3		언론과 정치	정치 팟캐스트, 대안 언론인가 선동 매체인가	정치 팟캐스트에 대한 글을 읽고 이해할 수 있다.
4	사회	기부	대신동 얼굴 없는 천사, 올해도 몰래 기부	기부에 대한 글을 읽고 이해할 수 있다.
5		사건사고	강력범죄, 사형이 답인가	사형제도에 대한 이야기를 듣고 이해할 수 있다.
6		저출산·고령화	늙어가는 대한민국	저출산·고령화에 대한 이야기를 듣고 이해할 수 있다.
7	국제	행복지수	세계에서 가장 행복한 나라는?	행복지수에 대한 글을 읽고 이해할 수 있다.
8		성별 분리교육	미국, 남녀공학 원칙 깨지는가	성별 분리교육에 대한 이야기를 듣고 이해할 수 있다.
9		공공장소 흡연	흡연자, 더 이상 설 자리는 없다	공공장소 흡연 금지에 대한 글을 읽고 이해할 수 있다.
10	문화	연예인 사생활 침해	연예인 사생활 침해, 불가피한가	연예인 사생활 침해에 대한 글을 읽고 이해할 수 있다.
11		노래 및 영화 심의	19금 판정, 합리적인 심의 기준 필요해	노래 및 영화의 심의에 대한 이야기를 듣고 이해할 수 있다.
12		문화재 보존	개발이냐 보존이냐	개발로 인한 문화재 훼손과 문화재 보존으로 인한 개인재산권 침해에 대한 이야기를 듣고 이해할 수 있다.
13	과학	원자력 에너지	원자력, 축복인가 재앙인가	원자력 에너지에 대한 글을 읽고 이해할 수 있다.
14		뇌과학	사랑 고백은 놀이기구 안에서	뇌의 착각에 대한 이야기를 듣고 이해할 수 있다.
15		유전자조작	유전자조작농산물, 정말 안전할까	유전자조작농산물에 대한 글을 읽고 이해할 수 있다.

주제 어휘	과제 및 활동	관련 읽기/관련 듣기
선거 관련 어휘	바람직한 선거문화에 대해 자신의 의견 말하기	나쁜 선거 공약에 대한 인터뷰 듣기
각 나라의 최고 지도자 관련 어휘	이상적인 대통령제에 대해 자신의 생각 쓰기	대통령제의 문제점에 대한 글 읽기
정치 성향 관련 어휘	언론매체와 정치의 관계에 대해 말하기	교수들의 정치 참여에 대한 토론 듣기
기부 관련 어휘	기부에 대해 자신의 생각 쓰기	기부자 인터뷰 듣기
사형제도 관련 어휘	사형제도에 대해 자신의 의견 말하기	사형제도 존폐에 대한 글 읽기
저출산·고령화 관련 어휘	저출산·고령화의 문제점과 해결방안 말하기	고독사 증가에 대한 글 읽기
국가 행복지수 관련 어휘	국민이 행복해지기 위한 조건에 대해 자신의 생각 말하기	여성 지도자론에 대한 인터뷰 듣기
성별 분리교육 관련 어휘	성별 분리교육에 대해 자신의 의견 말하기	여자 대학의 감소 추세에 대한 글 읽기
공공장소 흡연 금지 관련 어휘	공공장소 흡연 금지에 대해 자신의 의견 말하기	공공시설 흡연 금지법 헌법소원에 대한 뉴스 듣기
연예인 사생활 침해 관련 어휘	연예인 사생활 침해에 대해 자신의 의견 쓰기	연예인 사생활 침해 논란에 대한 토론 듣기
노래 및 영화 심의 관련 어휘	노래 및 영화의 심의 기준에 대해 자신의 의견 말하기	뮤직비디오 사전등급제에 대한 찬, 반 글 읽기
문화재 보존 관련 어휘	문화재 보존과 개인재산권 침해에 대해 자신의 의견 말하기	문화재 관리·보호에 대한 글 읽기
대체 에너지 관련 어휘	원자력 발전소 건설에 대해 토론하기	원자력 에너지의 장단점 및 안전성에 대한 토론 듣기
뇌 관련 어휘	뇌의 착각에 대한 실험을 하고 자신의 경험 이야기하기	운동이 두뇌 활동에 미치는 영향에 대한 글 읽기
유전자조작농산물 관련 어휘	유전자조작농산물 개발에 대해 자신의 입장 쓰기	유전자조작농산물에 대한 토론 듣기

과	대주제	소주제	제목	학습 목표
16	교육	교육열	한국 교육, 세계적으로 인정받아	한국의 교육에 대한 글을 읽고 이해할 수 있다.
17		이공계 기피	이공계가 살아야 나라가 산다	이공계 기피현상에 대한 이야기를 듣고 이해할 수 있다.
18		대안학교	대안학교가 과연 대안인가	대안학교에 대한 이야기를 듣고 이해할 수 있다.
19	경제	신자유주의	국가냐 시장이냐	국가개입주의와 신자유주의에 대한 글을 읽고 이해할 수 있다.
20		착한 소비	커피가 착하다고?	윤리적 소비에 대한 이야기를 듣고 이해할 수 있다.
21		유통	의무휴업에 울상 짓는 대형마트	대형마트 의무휴업에 대한 글을 읽고 이해할 수 있다.
22	생활	동물학대	동물보호인가 동물학대인가	동물을 이용하는 사업에 대한 글을 읽고 이해할 수 있다.
23		한식 세계화	한식 세계화, 상대에 대한 배려에서부터	한식 세계화에 대한 이야기를 듣고 이해할 수 있다.
24		IT와 생활	생활 속의 스마트기술	생활 속의 스마트기술에 대한 이야기를 듣고 이해할 수 있다.
25	안보	핵무기	북한 핵보유 선언, 그 해결책은?	북한 핵 문제에 대한 글을 읽고 이해할 수 있다.
26		대북관계	대북관계, 당근과 채찍 모두 필요해	대북관계에 대한 이야기를 듣고 이해할 수 있다.
27		군대	군복무기간 단축, 문제점은?	군복무기간 단축에 대한 글을 읽고 이해할 수 있다.
28	환경	친환경	친환경, 생활 속 작은 습관부터 실천해야	친환경에 대한 글을 읽고 이해할 수 있다.
29		지구 온난화	북극 얼음 면적 최소치 기록	지구 온난화에 대한 이야기를 듣고 이해할 수 있다.
30		쓰레기 문제	되살아난 하천, 되돌아온 물고기	되살아난 하천에 대한 이야기를 듣고 이해할 수 있다.

주제 어휘	과제 및 활동	관련 읽기/관련 듣기
한국의 교육열 관련 어휘	한국의 교육열에 대해 토론하기	한국의 교육열의 영향에 대한 토론 듣기
이공계 기피현상 관련 어휘	이공계 기피현상의 해결책에 대해 말하기	이공계 기피현상에 대한 글 읽기
대안학교 관련 어휘	자신이 만들고 싶은 대안학교에 대해 말하기	탈북청소년 대안학교에 대한 글 읽기
국가의 시장 개입 관련 어휘	정부의 시장 개입에 대해 자신의 의견 쓰기	기업규제 강화에 대한 인터뷰 듣기
윤리적 소비 관련 어휘	윤리적 소비에 대해 자신의 의견 말하기	소비 행태의 변화에 대한 글 읽기
유통 관련 어휘	대형마트 의무휴업에 대해 토론하기	대형마트 의무휴업에 대한 토론 듣기
동물보호 관련 어휘	동물학대에 대해 자신의 생각 이야기하기	화장품 동물 실험에 대한 뉴스 듣기
한식 세계화 관련 어휘	한식 세계화 방안에 대해 말하기	한식 세계화를 위한 과제에 대한 글 읽기
스마트기술 관련 어휘	스마트 기기의 기능과 사용법에 대해 이야기하기	스마트 가전제품에 대한 글 읽기
핵문제 관련 어휘	핵무기 개발에 대해 자신의 의견 말하기	핵보유에 대한 인터뷰 듣기
대북지원 관련 어휘	대북지원에 대해 자신의 의견 쓰기	대북지원 갈등에 대한 글 읽기
군대 관련 어휘	병역제에 대한 자신의 생각 발표하기	양심적 병역 거부에 대한 토론 듣기
친환경 관련 어휘	친환경적인 삶에 대해 말하기	친환경에 대한 인터뷰 듣기
온난화 관련 어휘	온난화를 막는 방법에 대해 이야기하기	북극해 자원 개발에 대한 글 읽기
수질오염 관련 어휘	수질오염을 줄이는 방법에 대해 발표하기	해양 오염의 원인에 대한 글 읽기

차례

부록

제1과 지키지 못할 공약은 이제 그만!

학습 목표

매니페스토 운동(공약 검증 운동)에 대한 글을 읽고 이해할 수 있다.

과제 및 활동

바람직한 선거문화에 대해 자신의 의견 말하기.

▶ 투표를 해 본 적이 있습니까?

▶ 선거를 통해 지도자를 뽑을 때 제일 중요하게 고려해야 할 것이 무엇일까요?

▶ 여러분 나라에서 선거를 할 때 보거나 들은 적이 있는 정치인들의 공약들을 이야기해 보세요.

새 어휘

공약
당선
이행하다
유권자
정책
권력
출범하다
출마자
실천
주기적으로
반영하다
어원
정당
검증하다

세계 여러 나라에서 선거 때만 되면 수없이 쏟아지는 정치인들의 약속들 중에는 현실성 없는 공약이 매우 많다. 실제로 정치인들이 당선된 후에 공약을 이행하는 경우는 절반에 불과하다. 그래서 유권자들은 후보자들의 공약에 점점 무관심해지고 정책싸움이 되어야 할 선거가 돈과 권력, 지역과 정치 바람에 흔들리기도 한다.

이러한 선거 문화를 바꾸려고 유권자인 시민들이 나섰다. 지난 2월 1일 350여개 시민 단체가 모인 '한국 매니페스토 운동본부'가 출범했다. 매니페스토 운동은 유권자들이 출마자들에게 실천 가능성이 없는 공약 대신에 구체적인 약속을 해 줄 것을 요구하는 운동이다. 다시 말해서 선거공약에 목표, 기간, 이행과정, 자금마련방법 등이 구체적으로 제시되어 있는지 유권자들이 따져보는 운동이다. 그리고 나아가 당선자들이 그 공약들을 잘 지키고 있는지를 유권자가 주기적으로 확인하고 평가해서 다음 선거에 반영하는 운동이다. 그러므로 매니페스토 운동은 더 이상 거짓말하지 말라는 경고이다. 그리고 작은 것부터 지키려는 따뜻한 약속과 용기 있는 실천을 적극적으로 도와주는 성숙한 민주시민 운동이다.

'매니페스토(manifesto)'의 어원은 라틴어의 '마니페스투스(manifestus)'이다. 당시에는 '증거' 또는 '증거물'이란 의미로 쓰였으나 현재는 정당과 후보자들의 '정책공약'을 의미한다.

정치인들의 입장에서 매니페스토는 더 이상 표를 얻기 위한 거짓말을 하지 않겠다고 널리 알리는 것이다. 그리고 자신이 추구하는 가치와 가고자 하는 방향을 제시하고 구체적인 실천계획을 공개적인 방식으로 약속하는 것이다. 또한 유권자들이 실천내용을 쉽게 검증할 수 있도록 약속을 이행하는 과정에 대해 주기적으로 밝히는 것이다.

Ⅰ. 어휘를 공부해 봅시다.

1. 관계있는 것끼리 연결하십시오.

이행하다	출범하다	반영하다	검증하다

1) 문화, 의견, 시대(상) • • 이행하다
2) 실력, 안전성, 후보 • • 출범하다
3) 계약, 의무, 조건 • • 반영하다
4) ○○정부, ○○정보센터, ○○신도시 • • 검증하다

2. ________에 알맞은 어휘를 쓰십시오.

당선	유권자	정책	출마자	정당

가: 지역 발전을 위한 대규모 공공사업이 현실적으로 이루어지려면 어떻게 해야 할까요?

나: 선거에 나오는 같은 1)____________ 소속 2)____________ 들이 함께 모여 해당 지역을 위한 3)____________ 을/를 개발하고 그에 따른 공약을 함께 만들어 내는 것이 가장 효율적인 방법인 것 같아요. 그렇게 하면 후보자들의 거짓 마음이 아닌 진정성도 보여줄 수 있기 때문에 4)____________ 들의 표를 얻어 5)____________ 가능성이 높아지잖아요.

3. 선거와 관련된 어휘입니다. (　　　)에 알맞은 어휘를 쓰십시오.

투표	선출	지지	기권	선거유세	낙선

1) 회장이 개인적인 사정으로 그만두게 돼서 새로운 회장을 (　　　　　　)해야 한다.
2) 선거에서 후보의 고향이 어디인지 어느 학교를 졸업했는지를 따져 (　　　　　　)하는 것은 어리석은 일이다.
3) 이선우 씨는 국회의원 선거에서 3번이나 (　　　　　　)했는데도 올해 다시 도전하려고 준비 중이다.

4) 여론조사 결과 20대의 75%가 일자리 100만 개를 약속한 장 후보를 (　　　　　　)하는 것으로 나타났다.

5) 마라톤에 참가한 박 선수는 결승점을 5㎞ 앞두고 발목 부상으로 (　　　　　　)하고 말았다.

6) 본격적인 선거운동이 시작되면서 거리마다 (　　　　　　)용 차량들의 선거로고송으로 시끄럽다.

II. 글을 읽고 질문에 답해 봅시다.

1. 무엇에 대한 이야기입니까? (　　　)

① 선거문화
② 정책 검증 운동
③ 매니페스토의 어원
④ 반성하는 정치인들

2. 글의 내용과 같으면 O표, 다르면 X표 하십시오.

1) 선거는 정책대결이어야 한다. (　　)
2) '매니페스토'는 현재 '증거물'이라는 뜻으로 쓰인다. (　　)
3) 매니페스토 운동본부는 정부 주도로 만들어진 단체이다. (　　)
4) 선거에서 후보자들은 하려고 하는 일들의 자세한 실천방법들을 공개적으로 약속해야 한다. (　　)

3. 유권자들의 매니페스토 운동에 대한 설명으로 맞지 않는 것은 무엇입니까? (　　)

① 정당이나 후보자들이 선거 이후 지킬 수 있는 제대로 된 공약을 만들도록 요구한다.
② 후보자들이 밝힌 정책공약의 구체적인 실시기한, 이행방법 등을 문서에 명확하게 쓰게 한다.
③ 후보자가 제시한 공약이 선거 후에도 잘 이행되고 있는지 지켜본 후 다음 선거에서 다시 지지해 줄 것인지 여부를 결정한다.
④ 표를 얻기 위해 더 이상 거짓 공약을 내세우지 않겠다고 공개적으로 약속한다.

Ⅲ. 매니페스토 운동에 대해 이야기해 봅시다.

1. 매니페스토 운동이 효과적이라고 생각하십니까?

2. 다음을 읽고 매니페스토 운동의 '성과'인지 '한계'인지 ✓표 하십시오.

매니페스토 운동	성과	한계
① 정당과 후보자가 정책공약을 밝혀야 하도록 선거법이 개정되었다.		
② 평가 단체가 많고 평가기준이 다양해서 유권자들에게 혼란을 줄 수 있다.		
③ 정치권, 언론, 유권자들의 정책선거에 대한 관심을 확산시켰다.		
④ 단체들의 정치적 입장에 따라 평가 결과가 달라질 가능성도 있다.		
⑤ 선거관리위원회의 지원과 협력을 이끌어냈다.		
⑥ 평가결과를 중요시해서 공약의 완성도에만 관심이 있고 공약의 질에 대한 검토는 소홀해질 수 있다.		
⑦ 구경하는 선거가 아닌 참여하는 선거문화를 만들었다.		

3. 매니페스토 운동이 더 확산되고 발전되기 위해서는 어떤 노력이 필요할까요? 토론해 보십시오.

Ⅳ. 이야기를 듣고 질문에 답해 봅시다. MP3 CD:01

1. 무엇에 대한 이야기입니까? (　　　　)

① 다양한 공약들　　　② 낙선운동
③ 나쁜 공약들　　　④ 유권자의 권리

2. 대화에 나온 공약이 아닌 것은 무엇입니까? (　　　　)

① 선거 전 과거의 행동이나 주장과는 다른 공약
② 충분한 검토 없이 선거 전에 급하게 만들어진 공약
③ 벌써 진행 중인 정책을 자신의 것처럼 포장하는 공약
④ 실천 가능성은 높으나 우선순위가 낮은 공약

3. 이광재 총장이 마지막에 유권자들에게 부탁한 것은 무엇입니까?

제2과 대통령제, 중임제로 바꿔야

학습 목표

대통령제에 대한 이야기를 듣고 이해할 수 있다.

과제 및 활동

이상적인 대통령제에 대해 자신의 생각 쓰기.

▶ 위의 사람들은 누구입니까?

▶ 여러분 나라의 최고 지도자는 누구입니까?

▶ 여러분 나라에서는 최고 지도자가 재임할 수 있습니까?

새 어휘

단임제
개헌
독재
장기집권
연속성
장애
레임덕
비리
중임제
보완
행정부
분산
부통령제

Ⅰ. 어휘를 공부해 봅시다.

1. ____________에 알맞은 어휘를 쓰십시오.

단임제	독재	장기집권	레임덕	중임제

대통령제에는 대통령직을 한 번만 맡을 수 있는 1)____________과/와 임기가 끝난 후에 다시 한 번 대통령직을 맡을 수 있는 2)____________이/가 있다. 한국에서의 단임제는 최고 지도자가 권력을 독차지하여 모든 일을 자신의 뜻대로 하려는 3)____________과/와 오랫동안 대통령직에서 물러 나지 않으려는 4)____________을/를 막기 위해 나왔다. 그러나 단임제는 대통령의 임기가 끝나기 훨씬 전부터 대통령의 영향력이 약해지는 5)____________ 현상이 일어나므로 대통령이 실제로 권력을 가지고 나라를 통치하는 기간은 더욱 짧아지는 단점이 있다.

2. (　　　　)에 알맞은 어휘를 쓰십시오.

개헌	장애	비리	보완	분산

1) 단임제에서 중임제로 대통령제를 바꾸려면 (　　　　　)을/를 해야 한다.
2) 우리 가족만 잘 살면 된다는 가족 이기주의는 사회 발전에 (　　　　　)이/가 된다.
3) 그 농구팀은 공격은 잘 하지만 수비에 약하므로 이에 대한 (　　　　　)이/가 필요하다.
4) 한 사람에게 권력이 집중되면 위험하기 때문에 권력을 여러 사람에게 (　　　　　)할 필요가 있다.
5) 그 학교의 재단 이사장은 교육사업을 하고 있지만 (　　　　　)을/를 많이 저질러서 사람들로부터 존경을 받지 못한다.

3. 각 나라의 최고 지도자를 부르는 이름으로 맞는 것을 골라 ________에 쓰십시오.

왕	대통령	총리/수상	총통	주석

1) ________________ : 한국, 미국, 프랑스 등
2) ________________ : 영국, 독일, 일본, 호주 등
3) ________________ : 브루나이, 사우디아라비아, 요르단 등
4) ________________ : 대만
5) ________________ : 중국, 북한 등

II. 이야기를 듣고 질문에 답해 봅시다. MP3 CD:02-1~5

1. 듣고 무엇에 대한 이야기인지 말해 보십시오.

2. 이야기를 부분별로 듣고 질문에 대한 답을 쓰십시오.

1) 5년 단임제는 왜 시작되었습니까?

____

2) 5년 단임제의 문제점은 무엇입니까?

첫째, ________________에 ________________이/가 없다.

둘째, ________________의 ________________이/가 나타나기 쉽다.

3) 4년 중임제의 위험성은 무엇입니까?

____

3. 다시 듣고 들은 내용과 같으면 O표, 다르면 X표 하십시오.

1) 4년 중임제에서는 레임덕 현상이 안 나타난다. (　　　)
2) 정치인들은 4년 중임제로 개헌하자는 의견에 반대한다. (　　　)

3) 4년 중임제에서는 대통령들의 국가에 대한 책임의식이 높아진다. ( )

4) 4년 중임제를 보완하는 방법 중의 하나는 부통령제이다. ( )

III. 이상적인 대통령제에 대해 자신의 생각을 써 봅시다.

1. 단임제와 중임제의 장점과 단점을 써 보십시오.

	단임제	중임제
장점		
단점		

2. 이상적인 대통령제는 무엇인지, 임기는 몇 년이 적당한지에 대한 자신의 생각을 이야기해 보십시오.

3. 2번에서 이야기한 내용으로 자신의 생각을 써 보십시오.

Ⅳ. 글을 읽고 질문에 답해 봅시다.

최근 한 정치연구소의 조사에 의하면 가난하고 부패한 나라일수록 대통령제를 도입하고 있고, 소득 3만 달러 이상이며 부정부패가 없는 나라는 의원내각제를 채택하고 있다고 한다.

이 조사에 의하면 일인당 GDP가 3만 달러 이상인 24개 국가 중 미국과 스위스 등 3개국을 제외하면 대통령제를 도입한 나라는 한 곳도 없었다. 또 부정부패가 없는 깨끗한 나라 상위 20위 국가 중 대통령제를 도입한 나라는 거의 없으며 100위가 넘어가는 나라, 즉 부정부패가 많은 나라들 중 대통령제를 도입한 나라는 70%가 넘는 것으로 나타났다. 이러한 점들은 대통령제가 GDP가 높아지기 힘들고 부정부패가 나타나기 쉬운 구조임을 암시한다.

갈등지수가 낮은 상위 20개국 중에서도 대통령제를 찾기 어려운데 이는 대통령제가 사회갈등과도 관계가 깊다는 것을 보여준다. 사회갈등으로 인한 비용이 많이 드는 한국과 같은 경우 대통령제를 개선하면 그 비용을 생산적인 곳에 쓸 수 있다는 얘기가 된다.

그렇다면 모든 대통령제가 부정부패, 사회갈등과 깊은 상관성을 가지고 있을까? 부정부패의 정도가 매우 낮으며 한국보다 국민소득이 약 3배에 달하는 선진국 스위스도 대통령제이다. 그러나 스위스의 대통령은 한국과는 그 성격이 좀 다르다. 26개의 주로 이루어진 스위스에서는 연방평의회 의장이 대통령이 된다. 연방평의회는 각각 다른 주에서 선출된 7명으로 이루어진 조직인데 이들 7명이 1년씩 돌아가면서 대통령직을 맡기 때문에 대통령이 강한 권력을 가지는 일은 없다.

결국 대통령의 권력이 강한 대통령제가 부패와의 연관성이 높다는 결론에 이른다. 많은 권력을 가진 대통령은 부패하기 쉽다. 대통령은 외교, 안보, 통일 등 국가 전체의 발전을 위한 일을 하고 국회에서 선출된 총리가 국내 정치를 맡는 방식이 대안이 될 수 있다.

1. 무엇에 대한 글입니까? (　　　　)

① 대통령의 임기
② 대통령제의 다양한 유형
③ 스위스 대통령제의 장점과 단점
④ 대통령제의 문제점과 보완 방법

2. 글의 내용과 같으면 O표, 다르면 X표 하십시오.

1) 국민소득이 높은 나라 중에는 대통령제를 도입한 나라가 많다. (   )
2) 스위스의 대통령에게는 권력이 집중되어 있지 않다. (   )
3) 대통령의 힘이 강하면 보통 부정부패가 적다. (   )

3. 대통령제를 도입한 나라들에 왜 부정부패가 많다고 생각합니까?

제3과 정치 팟캐스트, 대안 언론인가 선동 매체인가

학습 목표

정치 팟캐스트에 대한 글을 읽고 이해할 수 있다.

과제 및 활동

언론매체와 정치의 관계에 대해 말하기.

▶ 정치 기사나 뉴스에 관심이 있습니까?

▶ 여러분 나라에서는 신문사나 방송국이 특별한 정치적 성향을 가지고 있습니까?

▶ 정치 기사나 뉴스에서 의도적으로 크게 다루거나 다루지 않는 내용이 있다고 생각합니까?

새 어휘

대안
언론
편파적
선동적
매체
논쟁
의혹
저속하다
막말
보수
불신
청취율
취재
정정
폭로

KBC의 토론 프로그램인 '토론해 봅시다'에서는 최근 점점 영향력이 커지고 있는 인터넷 정치 팟캐스트[1] '마당'에 대한 평가를 두고 토론이 벌어졌다. 토론자 박재희 한누리당 국회의원과 '마당'의 진행자 정진우 전 국회의원은 '마당'이 정치에 대한 객관적 진실을 국민에게 알려주는 대안 언론인가, 아니면 국민의 호기심만 자극하는 편파적이고 선동적인 매체인가를 두고 논쟁을 벌였다.

'마당'은 정치적 성격이 강한 인터넷 팟캐스트로 20~30대 청년층으로부터 뜨거운 인기를 끌며 정치에 관심이 없었던 젊은 층을 정치로 끌어들였다는 평가를 받고 있다. 기자, 전직 정치인, 시사평론가 등으로 구성된 네 명의 '마당' 진행자들은 기존의 전통적 미디어가 아닌 인터넷을 통해 언론에서 다루지 않은 정치 관련 이야기와 현 정부에 대한 비판을 함으로써 대안 언론의 역할을 하고 있다는 긍정적 평가를 받는다. 그러나 이들이 제기한 의혹들이 사실인지, 이들이 제공하는 정보들이 신뢰할 만한 것들인지에 대해서 의문을 던지는 사람들도 많다. 또한 언론이 갖춰야 할 공정성과 책임감이 부족하며 저속하고 자극적인 막말들로 대중을 선동한다는 이유로 비난을 받기도 한다.

이번 '토론해 봅시다'에서 정진우 전 의원은 "보수 신문과 점점 보수화 되는 방송의 정치 관련 보도에 대한 국민들의 불신이 '마당'의 청취율을 이렇게 높이 끌어 올린 것이다"며 "우리의 목표는 기존 언론이 현 정권의 눈치를 보며 국민들에게 알리지 않는 불편한 진실들을 알리는 것"이라고 말했다. 이에 대해 박재희 의원은 " '마당'은 지상파 라디오 방송 못지않은 영향력을 가진 언론이므로 공정하게 취재해야 하고 취재한 내용이 사실인지 반드시 확인해야 하며 잘못된 정보에 대해서는 정정 보도를 해야 한다. 또 사실이라고 해도 악플 수준의 폭로는 심각하게 고민해야 한다"고 말했다.

1) 팟캐스트[pod cast] : 애플의 아이팟(iPod)과 방송(broadcasting)을 합해 만든 신조어로, 오디오파일 또는 비디오파일 형태로 뉴스나 드라마 등 다양한 콘텐츠를 인터넷망을 통해 제공하는 서비스.

Ⅰ. 어휘를 공부해 봅시다.

1. (   )에 알맞은 어휘를 쓰십시오.

대안	편파적	선동적	의혹	막말	정정	폭로

1) 오늘 신문에서는 어제 신문의 잘못된 내용을 바로잡는 (   ) 기사가 나왔다.
2) 회사를 살리기 위해서는 직원의 수를 줄이는 것 외에 다른 (   )이/가 없다.
3) 신문 기사의 내용이 객관적이지 않고 (   )이라면/라면 신문 기사로서의 가치를 이미 잃은 것이다.
4) 데모하는 사람들이 들고 있는 현수막의 글씨가 빨간 색으로 쓰여 있어서 더욱 (   )으로/로 보였다.
5) 방송인 김 모 씨가 방송에서 말을 가려서 하지 않고 (   )을/를 했다고 시청자들로부터 많은 비난을 받았다.
6) 그 정치인은 자신의 권력을 이용해 아들의 군 입대를 면제받게 했다는 (   )을/를 받고 있다.
7) 한 연예인이 자신이 속한 연예기획사의 비리를 언론에 (   )했다.

2. 맞는 것을 연결하십시오.

언론	매체	청취율	취재

1) 언론 •		• 많은 사람들에게 정보를 전달하는 수단.
2) 매체 •		• 신문사, 방송국 등의 기관, 또는 그러한 기관이 이 세상의 일들을 사람들에게 알려주는 활동.
3) 청취율 •		• 특정 프로그램을 얼마나 많은 사람들이 듣는지를 나타내는 숫자.
4) 취재 •		• 신문, 방송 등이 보도를 위해 자료를 수집하는 것.

3. 정치 성향과 관련된 어휘입니다. ______ 에 알맞은 어휘를 쓰십시오.

보수	진보	중도	좌파	우파

1)________________이란/란 새로운 것이나 변화를 반대하고 전통적인 것을 유지하려는 것을 말하며 2)________________이란/란 사회의 변화나 발전을 추구하는 것을 말한다. 그러나 정치에서 전자는 현재의 기득권을 지키려는 성향을 말하고, 오른쪽 사람들이라는 뜻을 가진 3)________________과/와 비슷한 의미로 사용된다. 후자는 성장보다는 분배를 중요하게 생각하는 성향을 말하며, 왼쪽 사람들을 의미하는 4)________________과/와 비슷한 의미로 쓰인다. 좌파, 우파는 원래 혁명기의 프랑스 의회에서 사회 변화에 적극적이었던 사람들이 왼쪽에, 온건한 사회 변화를 주장했던 사람들이 오른쪽에 앉았던 것에서 유래한다. 좌파와 우파 사이에 있는 사람들을 5)________________ 세력이라고 하는데 좌파에 조금 더 가까우면 중도 좌파, 우파에 조금 더 가까우면 중도 우파로도 불린다.

II. 글을 읽고 질문에 답해 봅시다.

1. 무엇에 대한 이야기입니까? (　　　)

① 보수와 진보 간의 갈등
② 토론 프로그램의 유익성
③ 정치에 관심을 이끄는 방법
④ 인터넷 정치 방송에 대한 평가

2. 글의 내용과 같으면 O표, 다르면 X표 하십시오.

1) 인터넷 방송 '마당'에서 토론을 벌였다. (　　　)
2) '마당'의 청취자는 주로 젊은 사람들이다. (　　　)
3) '마당'의 진행자는 말을 가려서 하지 않는다. (　　　)
4) '마당'을 듣는 사람들은 그다지 많지 않다. (　　　)

3. '마당'에서 주로 다루는 내용은 무엇입니까?

Ⅲ. 언론매체와 정치의 관계에 대해 이야기해 봅시다.

1. 두 의견 중 동의하는 것에 ✓표 하십시오.

☐ 언론매체는 객관성이 있어야 한다.
☐ 기사도 사람이 쓰는 것이므로 완벽하게 객관적인 언론매체는 없다.

☐ 정치권력은 언론매체에 영향력을 행사하기 마련이다.
☐ 언론매체는 정치권력으로부터 자유롭다.

☐ 기존 신문이나 방송은 객관성과 공정성을 유지하기 위해 노력하는 것 같다.
☐ 기존 신문이나 방송 등의 언론매체는 기득권층에 유리한 보도를 주로 할 것이다.

☐ 매체는 특정한 정치적 인물이나 정당을 지지하거나 비난해도 된다.
☐ 매체는 대중들에게 미치는 영향이 크므로 특정한 정치적 인물이나 정당을 공개적으로 지지하거나 비난하면 안 된다.

☐ 정치적 내용을 다루는 매체에서는 가능하면 바른 말을 사용해야 한다.
☐ 정치적 내용을 다루는 매체에서 저속한 표현, 유행어, 욕설 등을 사용해도 된다.

2. 위에서 동의한 것을 바탕으로 언론매체와 정치의 관계에 대한 자신의 의견을 써 보십시오.

3. 다음의 질문으로 토론해 보십시오.

1) 완벽하게 객관적인 언론매체가 존재할 수 있는가?
2) 언론매체는 정치권력으로부터 자유로울 수 있는가?
3) 기존 신문이나 방송들은 객관적이고 공정한 보도를 한다고 생각하는가?
4) 언론매체가 공개적으로 특정한 정치적 성향을 가져도 되는가?
5) 언론매체에서 유행어나 지나치게 저속한 표현 등을 사용해도 되는가?

Ⅳ. 이야기를 듣고 질문에 답해 봅시다. MP3 CD:03

1. 무엇에 대한 이야기입니까? (　　　　)

① 교수들의 정치 참여
② 대선 후보들의 선거 활동
③ 정치학 교수들의 연구 방식
④ 사회 현상을 보여 주는 신조어

2. 들은 내용과 다른 것을 고르십시오. (　　　　)

① 남자는 폴리페서에 대해 부정적이다.
② 여자는 남자의 의견에 일부 동의하고 있다.
③ 이번 선거의 후보 중 500명 이상이 교수이다.
④ 폴리페서들이 수업을 제대로 안 할 것을 걱정하는 사람들이 많다.

3. 여러분은 두 토론자 중 누구의 의견에 동의합니까? 그 이유는 무엇입니까?

제4과 대신동 얼굴 없는 천사, 올해도 몰래 기부

학습 목표
기부에 대한 글을 읽고 이해할 수 있다.

과제 및 활동
기부에 대해 자신의 생각 쓰기.

▶ 기부를 한 적이 있습니까?
▶ 기부와 관련된 감동적인 이야기가 있습니까?
▶ 여러분 나라에서는 기부한 사람에게 주어지는 혜택이 있습니까?

새 어휘

정체
일명
잠복하다
유유히
따돌리다
어김없이
연출되다
지시하다
유지
목격자
조직폭력배
무성하다
확신하다
기부하다

서울 대신동 주민센터 직원들은 해마다 연말이면 한 남자의 전화를 기다린다. 늘 이맘때면 정체 모를 남자가 주민센터에 전화를 걸어 돈이 든 종이상자를 숨겨 놓은 장소만을 알려주고 끊어 버린다. 이런 식으로 남자가 지난 10여 년간 두고 간 돈은 1억 6,000여 만 원.

이 이야기는 지난 토요일 KBC '이야기 속으로'에서 자세히 다루어졌다. 남자는 이미 주민들 사이에서 일명 '대신동 천사'로 불리는 화제의 인물이었다. 몇 년 전부터는 연말마다 이 이야기를 취재하기 위해 기자들이 주민센터 근처에 잠복하지만 늘 남자는 기자들을 유유히 따돌리곤 한다. KBC 방송에서는 이 얼굴 없는 천사의 정체를 밝혀 보려는 주민센터 직원들의 움직임을 카메라에 담았다. 올해도 어김없이 전화가 걸려왔고 스파이 영화의 한 장면이 연출됐다. 주민센터 직원이 남자와 통화를 하는 동안 주변에서 남자를 찾기 위해 잠복해 있던 다른 직원들에게 연락을 했고 연락을 받은 직원들은 재빨리 남자가 지시하는 장소로 뛰어갔다. 주민센터 근처 미용실 화단이었다. 거기에서는 3,500만원에 달하는 지폐와 돼지 저금통, 그리고 편지가 들어 있는 상자가 발견되었다. 그 편지에는 "어머님의 유지를 받들어 어려운 이웃을 위해 쓰고 싶습니다. 좋은 곳에 써 주십시오"라는 글이 쓰여 있었다. 그러나 이날도 남자의 정체는 밝혀지지 않았다.

남자의 얼굴을 제대로 봤다는 목격자가 한 명도 나오지 않아 그가 조직폭력배다, 과거를 반성하는 도둑일 것이다 등 그의 정체를 둘러싼 근거 없는 소문만 무성했다. 그러나 마을 주민들은 '대신동 천사'가 형편이 넉넉하지 않지만 진심으로 어려운 이웃을 도우려는 따뜻한 마음씨의 주인공일 것이라고 확신한다. 상자 속 편지와 돼지저금통에서 그의 진심 어린 정성이 그대로 느껴졌기 때문이다. 그가 10년간 기부한 돈은 1,400 가구의 가난한 주민들에게 골고루 전해졌다.

Ⅰ. 어휘를 공부해 봅시다.

1. ________에 알맞은 어휘를 쓰십시오.

정체	목격자	유유히	어김없이

여러분 나라에서는 미확인비행물체(UFO)를 봤다는 사람들이 있습니까?
한국에도 1)________________을/를 알 수 없는 비행물체가 밤하늘을 2)________________ 떠다니는 모습을 봤다는 사람들이 해마다 몇 명씩은 있습니다. 올해에도 3)________________ 이런 비행물체를 봤다고 하는 4)________________들이 나타나서 자신이 직접 찍은 사진을 보여주기도 하면서 사람들의 궁금증을 키우고 있습니다.

2. (　　　)에 알맞은 어휘를 쓰십시오.

잠복하다	따돌리다	무성하다	확신하다	연출되다	기부하다

1) 경찰들은 범인을 잡기 위해 한 달 간 범인이 나타날 만한 장소에 (　　　　　　　)기도한다.
2) 노인들의 합창이 끝나자 청중들이 모두 일어서서 기립박수를 치는 감동적인 장면이 (　　　　　　　)었다/았다/였다.
3) 그 동안 최선을 다해 연습했으므로 이번 경기에서는 우리 팀의 우승을 (　　　　　　　)는다/ㄴ다/다.
4) 경찰의 추적을 (　　　　　　　)기 위해서 그는 복잡한 시장 골목으로 들어갔다.
5) 범인이 잡히지 않자 외국으로 도망갔다느니, 죽었다느니, 여러 가지 소문만 (　　　　　　　)었다/았다/였다.
6) 퀴즈 프로그램 우승자는 돈이 없어서 학교에 못 가는 청소년들을 위해 써 달라며 자신이 받은 상금 중 반을 (　　　　　　　)었다/았다/였다.

3. 기부와 관련된 어휘입니다. ________ 에 알맞은 어휘를 쓰십시오.

기증	후원	성금	사회환원	불우이웃돕기

한국에서는 태풍, 홍수, 화재 등의 큰 재해나 사고가 일어나면 피해자를 돕기 위한 1)________________이/가 금방 모아진다. 또 크리스마스가 가까워지면 여기저기에서 2)________________ 캠페인이 벌어지고 거리에서는 구세군의 자선냄비를 그냥 지나치지 않고 지폐를 넣는 마음 따뜻한 사람들을 많이 볼 수 있다. 그러나 요즘은 특정한 상황이나 시기와 상관없이 지속적으로 어려운 이웃을 위해 매달 일정한 돈을 기부하는 사람이 늘고 있다. 교회나 바자회 등에 물건을 3)________________하는 사람들도 많다. 유명 연예인들이 가난과 질병으로 힘들게 살아가는 해외의 어린이를 꾸준히 4)________________하는 모습이 텔레비전에 소개되면서 일반인들도 기부에 관심을 갖게 되었다. 기업들 사이에서도 수익은 사회와 함께 나누어야 한다는 인식이 확산되면서 5) ________________에 눈을 돌리고 있다.

II. 글을 읽고 질문에 답해 봅시다.

1. 무엇에 대한 글입니까? (   )

① 한국의 기부문화와 기부규모
② KBC 방송의 프로그램 제작 과정
③ 정체를 밝히지 않고 기부하는 한 남자
④ 대신동 주민센터의 불우이웃돕기 방법

2. 기사의 내용과 같으면 O표, 다르면 X표 하십시오.

1) 남자는 10여 년 간 기부를 해 왔다. (   )
2) 기자들은 남자의 정체에 대해 알고 기다리고 있었다. (   )
3) 남자의 뛰는 모습이 카메라에 잡혔다. (   )
4) 남자는 어머니와 함께 기부활동을 하고 있다. (   )

3. 남자를 '얼굴 없는 천사'라고 부르는 이유는 무엇입니까?

Ⅲ. 기부에 대한 생각을 써 봅시다.

1. 기부가 왜 필요하다고 생각합니까?

2. 친구와 다음에 대해 이야기해 보십시오.

1) 어떤 사람들을 대상으로 기부를 하고 싶습니까?
2) 그 이유는 무엇입니까?
3) 어떤 방법으로 기부를 하고 싶습니까?

3. 2번에서 이야기한 내용을 가지고 다음의 제목으로 글을 써 보십시오.

제목 : 내가 돕고 싶은 사람들

Ⅳ. 이야기를 듣고 질문에 답해 봅시다. MP3 CD:04

1. 누구를 인터뷰합니까? (　　　　)

① 기부를 많이 하는 가수
② 공연을 많이 하는 가수
③ 해외에서 활동하는 환경운동가
④ 환경보호에 앞장서는 광고 모델

2. 들은 내용과 다른 것을 고르십시오. (　　　　)

① 남자는 미국 정부로부터 상을 받았다.
② 남자는 미국의 환경보호를 위해 기부했다.
③ 남자는 기부활동을 10여 년간 했다.
④ 남자는 자신의 집을 소유하고 있지 않다.

3. 여러분은 이 남자의 삶의 방식에 대해서 어떻게 생각합니까?

제5과 강력범죄, 사형이 답인가

학습 목표
사형제도에 대한 이야기를 듣고 이해할 수 있다.

과제 및 활동
사형제도에 대해 자신의 의견 말하기.

▶ 요즘 어떤 범죄가 증가하고 있습니까?
▶ 가장 무거운 벌을 받아야 하는 범죄는 무엇일까요?
▶ 여러분 나라에 사형제도가 있습니까?

새 어휘

강력범죄
잇따라
성폭행
살해되다
금품
노리다
살인
집행
논란
처벌
미성년자
성범죄
대응책
엄벌
폐지하다
억울하다
반성하다
철회하다

Ⅰ. 어휘를 공부해 봅시다.

1. 의미가 비슷한 것끼리 연결하십시오.

살해되다	노리다	살인	집행	폐지	철회

1) 정부의 잘못된 예산 ( )으로/로 국민의 세금이 낭비되고 있다.
2) 회사는 광고 효과를 ( )으며/며 수십 억 원의 광고비를 지출했다.
3) 몇몇 TV 프로그램들이 시청률이 낮다는 이유로 이번에 ( )된다.
4) 범인은 이웃과 말싸움 끝에 ( )을/를 저지른 후 현재 출국한 상태이다.
5) 유명 배우가 잔인하게 ( )은/ㄴ 채 차 안에서 발견돼 팬들을 충격에 빠뜨렸다.
6) 범죄피해자 가족모임 회원들은 사형반대 발언을 한 서울 시장의 입장을 ( )하라며 서울 시청 앞에서 이틀째 시위 중이다.

2. ______ 에 알맞은 어휘를 쓰십시오.

논란	처벌	미성년자	엄벌	억울하다	반성하다

1)______인 청소년들에게 술이나 담배를 판매한 편의점들이 3개월 이상 문을 닫아야 하는 2)______에 처해지자 편의점 업주들이 3)______ 수준이 너무 높다며 입을 모아 불만을 터뜨렸다. 편의점 주인들은 "중고등학생들에게 담배나 술을 판 것은 4)______는다/ㄴ다/다. 하지만 겉모습만 봐서는 성인인 아이들이 다른 사람의 주민등록증을 가지고 와서 사가는 것을 어떻게 아느냐"며 "알고 판 것도 아닌데 3개월 영업정지는 5)______는다/ㄴ다/다"고 목소리를 높였다. 한편 중고등학생들에게 술이나 담배를 판 사람은 처벌하고 그것을 산 사람은 처벌받지 않는 것에 대해서도 6)______이/가 끊이지 않고 있다.

3. 사형제도와 관련된 어휘입니다. (　　　)에 알맞은 어휘를 쓰십시오.

흉악범죄	오판	교화	종신형	가석방	무기징역

1) "판사도 검사도 사람이니까 실수할 수도 있고 잘못 판단할 수도 있어요." (　　　　　　)
2) "범죄자들을 감옥에 가두어 두는 것만이 다가 아니에요. 감옥에서 좋은 방향으로 가르치고 이끌어서 다시 사회에 나가서 제 역할을 할 수 있게 도와줘야지요." (　　　　　　)
3) "저 살인범이 이번에 감옥에 들어가면 죽을 때까지 다시는 감옥 밖으로 나올 수 없대요." (　　　　　　)
4) "형기가 정해져 있지 않아 감옥에서 인생을 마쳐야 하지만 모범적으로 생활하거나 특별한 경우 형기를 다 채우지 않아도 나올 수 있대요." (　　　　　　)
5) "연쇄살인, 아동성범죄, 인신매매 ……, 어떻게 인간이 이런 끔찍한 일을 저지를 수 있을까요? 인간이기를 포기한 자들이 저질렀다고밖에 볼 수 없어요." (　　　　　　)
6) "감옥에서 형을 살다가 정해진 나머지 형벌의 집행이 불필요하다고 인정되는 경우 일정한 조건하에 임시로 풀어 주는 제도가 있습니다." (　　　　　　)

II. 이야기를 듣고 질문에 답해 봅시다. MP3 CD:05-1~6

1. 듣고 무엇에 대한 이야기인지 말해 보십시오.

2. 이야기를 부분별로 듣고 질문에 대한 답을 쓰십시오.

1) 요즘 국민들이 왜 불안해하고 있습니까?

____

2) 사형집행에 찬성하는 사람들은 모두 몇 %입니까?

____

3) 여당 의원 박영숙 씨는 사형에 대해 어떻게 생각합니까?

____

4) 야당의 사형에 대한 견해는 어떻습니까?

____

3. 다시 듣고 들은 내용과 같으면 O표, 다르면 X표 하십시오.

1) 응답자의 12%는 사형제도 존폐에 관심이 없다. ( )
2) 응답자의 반 이상이 미성년자 대상 성범죄자는 사형당해야 한다고 생각한다. ( )
3) 박영숙 의원은 사형집행을 통해 범죄를 예방하고 싶어한다. ( )
4) 한국은 실질적인 사형폐지국이라고 볼 수 있다. ( )

III. 사형제도에 대해 이야기해 봅시다.

1. 사형제도가 우리 사회에 필요하다고 생각하십니까?

2. 다음을 읽고 사형제도를 반대하는 의견인지 찬성하는 의견인지 ✓표 하십시오.

사형제도에 대한 의견	찬성	반대
① 사형제도는 정치적으로 이용될 수 있다.		
② 사형제도는 범죄 예방 효과가 크지 않다.		
③ 종신형이나 무기징역은 세금이 많이 든다.		
④ 재판에서 오판 가능성을 무시할 수 없다.		
⑤ 사형제도는 사회 안전과 생명 보호를 위해 경고 효과가 있다.		
⑥ 인간의 시작과 끝을 인간이 결정할 수 없다.		
⑦ 인간이기를 포기한 사람은 배려할 필요가 없다.		
⑧ 자신이 한 행동에 대해서는 똑같은 대가를 치러야 한다.		

3. 친구들과 사형제도에 대해 토론해 보십시오.

Ⅳ. 글을 읽고 질문에 답해 봅시다.

비인간적인 흉악범죄들이 발생할 때마다 그 대응책으로 사형제도가 도마 위에 오른다. 우리나라는 도저히 용서할 수 없는 흉악범죄에 대해 사형을 선고하고 있다. 그동안 사형제도는 다른 범죄자들을 심리적으로 압박해 흉악범죄를 줄이는 기능을 해 왔다. 사형제도는 살인범에게 자신의 행위에 대한 법적 책임을 묻는 것이다. 물론 범죄자의 생명도 중요하다. 그렇지만 법은 다른 사람의 생명을 해친 사람들의 생명까지 무조건 보호하기 위해 존재하는 것은 아니다.

사형제도는 흉악범죄가 인류의 적이라는 것을 상징적으로 보여주는 형벌이다. 연쇄살인이나 성범죄 등이 발생하는 현실에서 사형제도는 국민의 생명 보호와 사회 안전을 위해 필요한 형벌이므로 사회 정의를 위해서 꼭 유지되어야 한다.

나준수 (전 헌법재판관)

현재 법적으로 사형 폐지 국가는 96개국, 실질적 폐지 국가는 한국 등 35개국으로 사형제도를 폐지하는 것이 세계적 분위기이다. 그런데 오랫동안 사용하지 않았던 사형 집행이라는 카드를 정부가 다시 꺼내려고 하고 있다. 사형문제가 화두로 떠오른 데는 최근 잇따른 강력범죄 탓이 크다.

흉악범죄에 대한 국민의 분노는 충분히 이해되지만 사형 집행이 흉악범죄 예방효과를 가져온다는 것은 증명되지 않았다. 사형은 법을 앞세워 국가가 저지르는 또 다른 살인이다. 특히 사형제도는 오판의 가능성이 있는 제도이다. 오판으로 죄 없는 사람이 억울하게 사형을 당한 사례가 있다.

우리 사회는 흉악범죄에 흥분해 자극적인 해결책을 쏟아내고 있다. 사형은 근본적인 해결책이 아니다. 헌법에는 있지만 집행을 하지 않아 항상 논란이 되는 사형제도를 폐지하고 가석방 없는 종신형 제도를 도입하는 게 어떨까? 그리고 범죄자들의 교화에 힘쓰고 시민들을 대상으로 범죄 예방교육을 강화한다면 범죄는 줄어들 것으로 본다.

오사랑 (한국대 법대교수)

1. 두 사람의 생각을 알맞게 연결하십시오.

1) 나준수 • • "사형제는 폐지되어야 한다."

2) 오사랑 • • "사형제는 유지되어야 한다."

2. 이 글의 내용과 같은 것을 고르십시오. (　　　)

① 나준수 씨는 사형제도가 심리적인 경고 효과가 있다고 생각한다.

② 나준수 씨는 범죄자의 생명은 중요하지 않기 때문에 보호할 가치가 없다고 생각한다.

③ 사형폐지국은 현재 모두 131개국이다.

④ 오사랑 씨는 가석방 없는 종신형 제도만이 흉악범죄를 예방할 수 있다고 주장한다.

3. 사형제도 외에 흉악범죄를 감소시킬 수 있는 방법을 이야기해 보십시오.

제6과 늙어가는 대한민국

학습 목표

저출산·고령화에 대한 이야기를 듣고 이해할 수 있다.

과제 및 활동

저출산·고령화의 문제점과 해결방안 말하기.

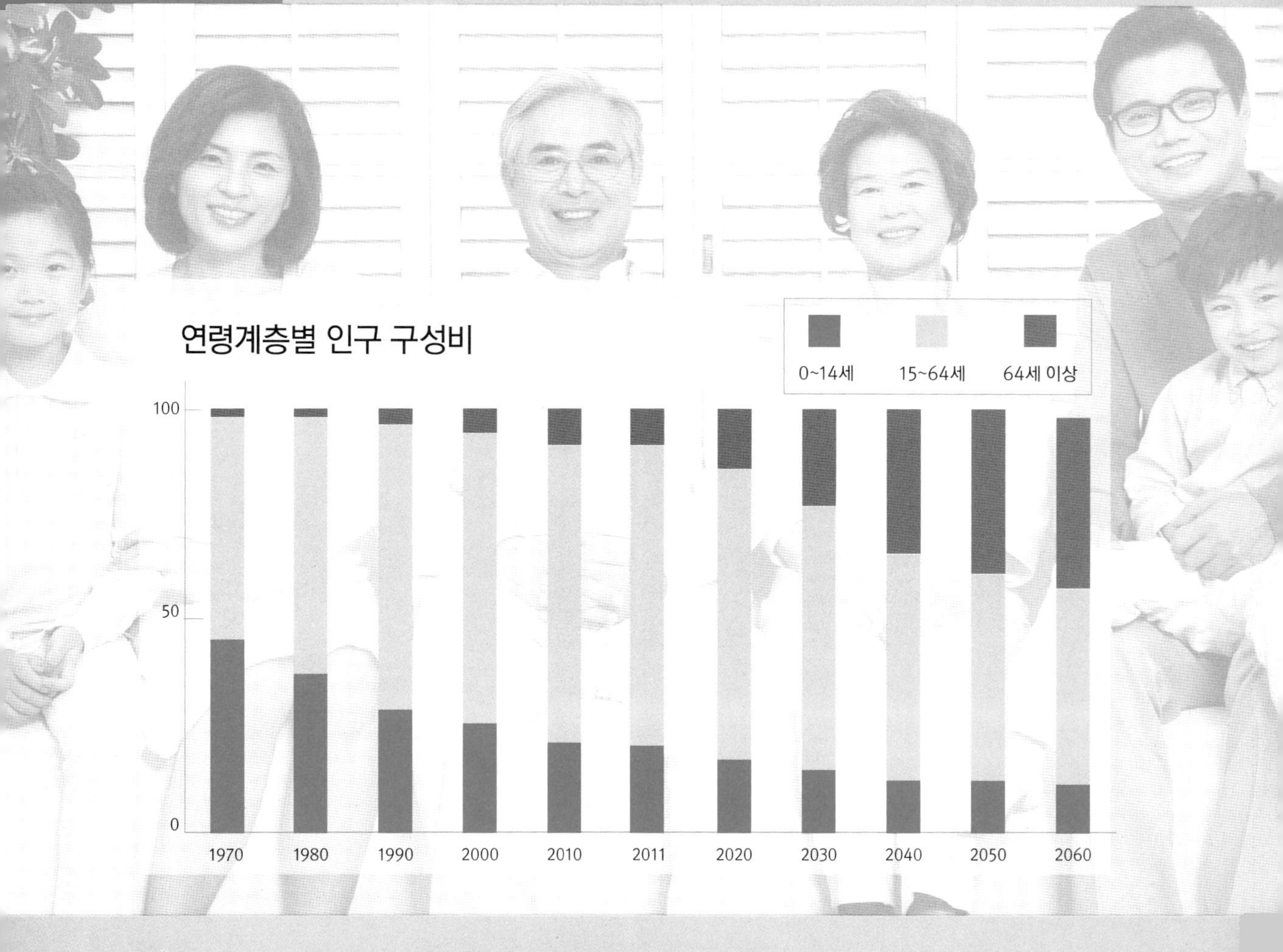

- ▶ 여러분 나라에서는 저출산이 사회문제가 되고 있습니까?
- ▶ 여러분 나라를 고령화 사회라고 말할 수 있습니까?
- ▶ 아이들이 줄고 노인들이 늘면 어떤 문제가 생길까요?

새 어휘

반응
저출산
고령화
출산율
급격히
저하
추세
경제활동인구
소비
부양하다
여력
수요
공급
장려하다
육아
가사노동

Ⅰ. 어휘를 공부해 봅시다.

1. (   )에 알맞은 어휘를 쓰십시오.

반응	저출산	고령화	저하	추세

1) 가 : 가수 이건우가 이번에 새로 발표한 노래 들어 봤니?
   나 : 응, 좋더라. 네티즌들의 (   )도 뜨겁던데.
2) 가 : 초등학생 중에서 안경을 쓰는 학생이 40%가 넘는다면서?
   나 : 틈만 나면 컴퓨터게임을 하니 시력이 (   )되는 건 당연한 일이지.
3) 가 : 우리 동네 초등학교가 학생이 부족해 내년에 문을 닫는대요.
   나 : 정말이야? (   ) 문제가 심각하다고 듣기는 많이 들었지만 그 정도일 줄이야 …….
4) 가 : 인터넷과 스마트폰 시대에 출판시장의 위기는 세계적인 (   )인 것 같아요.
   나 : 위기는 또 다른 기회라는 말이 있잖아요. 전자책이 이 위기상황을 해결할 수 있는 길을 열어 줄 거예요.
5) 가 : (   ) 사회가 되면서 노인들을 대상으로 하는 실버산업이 뜨고 있어요. 노인전문병원이나 노후대비 금융상품 같은 거 말이에요.
   나 : 자식들에게 의지하지 않고 독립적인 노년을 즐기고 싶어하는 노인들이 늘어서 그런 것 같아요.

2. 밑줄 친 부분과 관계있는 어휘를 (　　　)에 쓰십시오.

부양하다	여력	수요	공급	장려하다	육아	가사노동

사별이나 이혼 후 가족을 ①돌보고 책임져야 하는 여성들은 직장일을 하며 혼자서 ②아이들을 키우고 ③집안일을 해야 하기 때문에 자신을 돌볼 ④여유가 없다. 이로 인해 쌓인 스트레스는 가정환경에 악영향을 미쳐 사회문제를 일으킬 수 있기 때문에 여성가족부는 저소득층 한부모가정을 위한 가사도우미제도를 적극적으로 이용하기를 ⑤권하고 있다. 하지만 ⑥가사도우미를 쓰려는 가정은 많은데 비해 ⑦정부가 지원하는 도우미들은 부족한 현실이라서 '그림의 떡'인 경우가 많다.

① (　　　　　)　② (　　　　　)　③ (　　　　　)
④ (　　　　　)　⑤ (　　　　　)　⑥ (　　　　　)
⑦ (　　　　　)

3. 저출산·고령화와 관련된 어휘입니다. (　　　)에 알맞은 어휘를 쓰십시오.

만혼	미혼	고독사	독거노인	고립

1) 지난 여름 갑작스러운 폭우 당시 시민들이 (　　　　　　　)됐던 청계천 위험지역에 비상 탈출 통로가 설치된다.
2) 결혼연령이 갈수록 늦어지는 (　　　　　　　) 현상은 1인 가구가 증가하는 원인들 중 하나이다.
3) 초등학교 학생들이 용돈을 틈틈이 모아 홀로 사는 (　　　　　　　)들에게 간식을 기증해 감동을 주고 있다.
4) 혼자 살던 노인이 외롭게 세상을 떠나는 (　　　　　　　)이/가 증가하면서 이제는 장수가 축하할 일이 아니라 사회의 부담이 되고 있다.
5) 결혼을 생각하는 (　　　　　　　) 남녀들은 배우자와의 이상적인 나이 차이로 남녀 모두 남자가 3~4세 많은 걸 가장 선호하는 것으로 나타났다.

II. 이야기를 듣고 질문에 답해 봅시다. MP3 CD:06-1~7

1. 듣고 무엇에 대한 이야기인지 말해 보십시오.

2. 이야기를 부분별로 듣고 질문에 대한 답을 쓰십시오.

1) 매주 수요일마다 무슨 행사가 열립니까?

____

2) 우리나라의 올해 예상되는 출산율은 몇 명입니까?

____

3) 2049년 우리나라의 노인 인구는 얼마나 될까요?

____

4) 저출산·고령화 사회의 문제점은 무엇입니까?

경제활동인구의 감소와 고령화로 인해 ______________ 이/가 생기지 않아서 ______________ 으로/로 이어지게 된다.

5) 4)번에서 언급한 문제점의 근본적인 해결 방안은 무엇입니까?

____

3. 다시 듣고 들은 내용과 같으면 O표, 다르면 X표 하십시오.

1) 여자는 인구정책에 대한 논문을 요약해서 발표했다. (　　)
2) 여자는 저출산·고령화의 경제적인 측면에 대해 이야기했다. (　　)
3) 우리나라의 출산율은 세계에서 거의 꼴찌 수준이다. (　　)
4) 노인 인구가 전체인구의 40%가 넘으면 고령화 사회이다. (　　)

Ⅲ. 저출산 · 고령화에 대해 이야기해 봅시다.

1. 여러분은 저출산·고령화의 원인이 무엇이라고 생각하십니까?

2. 저출산·고령화의 문제점과 해결방안에 대해 써 보십시오.

문제점	해결방안

3. 저출산·고령화의 문제점과 해결방안에 대해 토론해 보십시오.

Ⅳ. 글을 읽고 질문에 답해 봅시다.

지난 10월 9일 이 모 씨(63,무직)가 자신이 살던 서울의 한 아파트에서 숨진 채 발견되었다. 일주일째 연락이 되지 않자 여동생이 경찰에 신고한 것이다. 아들 둘이 있었지만 함께 살지는 않았고 5년 전 사별하고 쭉 혼자 지내면서 이씨는 주변과의 교류도 거의 없었다고 한다.

'고독사'란 이씨처럼 혼자 죽음을 맞이하고 사후 일정한 시간이 지난 뒤에야 발견되는 '고독한 죽음'을 이르는 말이다. 그리고 모든 인간관계가 끊긴 상태에서 혼자 죽어, 그 죽음을 알릴 사람조차 없는 죽음을 '무연사'라고 한다. 배우자와 사별 혹은 이혼한 채 자식과 떨어져 사는 노인들이 갑작스러운 충격이나 오랫동안 앓아온 병으로 사망해 뒤늦게 발견되는 일이 증가하고 있는데 이것은 저출산·고령화, 그리고 경제난 등으로 가족을 비롯한 사회적 관계가 끊어진 세상에서 발생하는 사회 현상이다.

출산율이 낮아지고 만혼·미혼 추세가 증가하고 있는 고령화·저출산 시대의 이 같은 비극을 막기 위해 우리는 사회 차원에서 어떤 노력을 기울여야 하는지에 대해 고민해야 한다. 예를 들어, 일본의 한 가스회사는 독거노인의 가스 사용 여부를 자녀 등 신청인의 휴대전화나 이메일로 알려주는 유료 서비스를 제공하고 있다. 가스 사용량이 줄어들면 신청인이 곧바로 그 사실을 알 수 있게 하기 위해서이다.

한편 인간관계의 빈틈을 채워주는 다양한 민간단체의 역할도 강조되고 있다. 예를 들어 정부는 민간단체와 협력해 일대일로 독거노인과 자원봉사자를 연결해 주고 있는데 이는 사회보장제도나 네트워크가 해 줄 수 없는 '소통'의 역할을 하기 때문에 좋은 평가를 받고 있다. 그러나 노인층뿐만 아니라 저소득층·청장년층에서도 고독사가 늘어나고 있는 최근의 추세를 고려하면 좀 더 근본적인 해결방법은 '고립'을 막는 사회 시스템이 만들어져야 한다는 것이다.

1. 이 글의 제목으로 알맞은 것은 무엇입니까? (　　　)

① 외로운 죽음이 늘어난다　　② 저출산, 어떻게 막을 것인가?
③ 만혼, 미혼이 급증한다　　④ 고령화 사회, 그 원인은 무엇인가?

2. 이 글의 내용과 같은 것을 고르십시오. (　　　)

① 숨진 이 모 씨는 이혼 후 혼자 살아왔다.
② 고독사는 노년층에 한정된 문제이다.
③ 고독사의 진정한 해결책은 '고립'을 막는 것이다.
④ 일본의 한 가스회사는 독거노인의 가스 사용 여부를 알려주는 무료 서비스를 제공한다.

3. 고독사 문제를 해결하기 위해 민간단체의 역할이 중요한 이유는 무엇입니까?

제7과 세계에서 가장 행복한 나라는?

학습 목표

행복지수에 대한 글을 읽고 이해할 수 있다.

과제 및 활동

국민이 행복해지기 위한 조건에 대해 자신의 생각 말하기.

2013년 영국신경제재단이 발표한 국가별 행복지수

순위	국가	행복지수
1	코스타리카	640
2	베트남	604
3	콜롬비아	598
4	벨리즈	593
5	엘살바도르	589
6	자메이카	585
7	파나마	578
8	니카라과	571
9	베네수엘라	569
10	과테말라	569

2012년 국가별 GDP

순위	국가	GDP
1	미국	15조 6,096억
2	중국	7조 9,917억
3	일본	5조 9,809억
4	독일	3조 4,787억
5	프랑스	2조 7,120억
6	영국	2조 4,526억
7	브라질	2조 4,497억
8	이탈리아	2조 669억
9	러시아	2조 218억
10	캐나다	1조 8,045억

▶ 어느 나라 사람들이 행복하게 사는 것 같습니까?

▶ 그렇게 생각하는 이유가 무엇입니까?

▶ 여러분은 행복한 삶을 살고 있다고 생각합니까?

새 어휘

선정되다
창립
대체하다
지표
측정하다
주거
공동체
균형
시각
접근하다
물질주의적
채
풍요
개념
극대화하다
국비

올해 경제협력개발기구(OECD)의 국가별 행복지수 분석 결과, OECD 36개 국가 중 호주가 1위로 선정됐다. OECD는 작년 창립 50주년을 맞아 GDP를 대체할 수 있는 지표를 만들었는데 이것이 행복지수이다. 행복지수는 삶의 질을 측정할 수 있는 11개 항목 즉, 주거, 소득, 고용, 공동체, 교육, 환경, 시민참여, 건강, 삶의 만족도, 안전, 일과 생활의 균형 등으로 구성되어 있다.

GDP가 더 이상 행복의 지표로 인식되지 않으면서 경제협력개발기구와 같은 세계 기관뿐만 아니라 세계 여러 나라에서도 이미 행복을 다른 시각에서 접근하고 있다. 히말라야 동쪽, 인도와 티벳 사이에 위치한 인구 75만 여명의 부탄에서는 서구 물질주의적 접근인 GDP에 대한 대안으로 '국민총행복지수(Gross National Happiness, GNH)'를 만들었다. GDP 2,000불도 채 안 되는 부탄은 영국에 본부를 둔 유럽 경제 연구소의 국가별 행복지수 조사에서 국민의 75% 이상이 행복하다고 답변함으로써 1위를 차지한 바가 있다.

부탄의 국왕은 국가의 발전은 물질적인 풍요뿐만 아니라 정신적인 풍요로움과도 연관된다는 인식을 가지고 GNH의 개념을 도입했다. 건강, 시간 활용 방법, 생활수준, 공동체, 심리적 행복, 문화, 교육, 환경, 올바른 정치 등 9개 항목으로 구성된 GNH를 기준으로 국정을 펼치는 부탄의 국정 철학은 '행복'에서 출발한다. 국가의 정책을 추진할 때도 각 정책이 국민들의 행복에 어떤 영향을 미칠지 가장 먼저 고려한다. 국민들의 행복을 극대화하기 위한 정부의 노력 덕분에 부탄에서는 기본적인 의료비는 물론 교육비가 무료이고 국비 유학제도가 발달돼 있을 정도로 복지제도가 잘 갖춰져 있다.

Ⅰ. 어휘를 공부해 봅시다.

1. ( )에 알맞은 어휘를 쓰십시오.

창립	시각	풍요	개념

1) 우리 학교가 ( ) 100주년을 맞아 큰 행사를 했다.
2) 철학 용어의 ( )들은 이해하기가 어렵다.
3) 소비 사회의 ( ) 속에서 오히려 인간은 외로움을 느낀다.
4) 지구 온난화의 원인을 환경오염 때문으로 보지 않고 다른 ( )에서 보는 사람들도 있다.

2. 밑줄 친 부분과 관계있는 어휘를 골라 바꿔 쓰십시오.

선정되다	대체하다	측정하다	접근하다	극대화하다

1) 시력을 재는 방법은 여러 가지가 있다. ( )
2) 모든 기업은 이윤을 최대한 남기기 위해 다양한 경영 기법을 이용한다. ( )
3) 우리 아파트가 가장 튼튼하고 관리가 잘 되는 아파트로 뽑혔다. ( )
4) 자녀 교육 문제도 이성적으로 바라보고 해결하려고 해야 한다. ( )
5) 각국은 석유자원을 대신할 에너지원 개발에 힘을 쓰고 있다. ( )

3. 국가의 행복지수와 관련된 어휘입니다. ________에 알맞은 어휘를 쓰십시오.

범죄율	고용안정	사회복지	사회기반시설

경제적 발전 수준 이외에도 한 나라가 얼마나 행복한가는 다양한 항목으로 분석된다. 한 영국 대학교가 행복지수가 높은 나라들을 조사한 결과 모두 교통 체계, 상하수도 시설 및 의료, 교육 시설 등 1)________________을/를 잘 갖추고 있고 국민들이 빈곤으로 인해 삶의 질이 낮아지지 않도록 2)________________제도가 잘 발달되어 있었다. 또한 치안 유지가 잘 되고 있어서 3)________________이/가 낮았으며 4)________________을/를 위한 정부의 다양한 정책들로 인해 실업률도 매우 낮았다.

II. 글을 읽고 질문에 답해 봅시다.

1. 무엇에 대한 글입니까?　(　　　　)

① 부탄의 정치
② 국가의 행복지수
③ 물질적 풍요와 정신적 풍요
④ OECD 국가의 경제발전 순위

2. 글의 내용과 같으면 O표, 다르면 X표 하십시오.

1) 올해 호주는 전 세계에서 가장 행복한 국가로 선정되었다.　(　　　　)
2) GDP는 여전히 국가의 행복을 알 수 있는 지표로 활용된다.　(　　　　)
3) 국민총행복지수는 부탄에서 만들어졌다.　(　　　　)
4) 부탄에서는 경제발전보다 국민이 느끼는 행복감을 중요시한다.　(　　　　)

3. 부탄의 복지제도는 어떻습니까?

Ⅲ. 국민이 행복해지기 위한 조건에 대해 자신의 생각을 이야기해 봅시다.

1. 여러분 나라에서는 국민의 몇 퍼센트 정도가 행복하다고 느낄까요?

2. 여러분은 국민이 행복해지기 위해서 필요한 세 가지 항목이 무엇이라고 생각합니까? 그 이유는 무엇입니까? 써 보십시오.

항목	이유
1)	
2)	
3)	

3. 2번에서 쓴 내용으로 자신의 생각을 발표해 보십시오.

Ⅳ. 이야기를 듣고 질문에 답해 봅시다. MP3 CD:07

1. 중심 내용은 무엇입니까? (　　　)

① 여성 지도자가 많아지고 있다.
② 여성들은 남성에 비해 성실하다.
③ 북유럽 국가들의 복지 수준이 높다.
④ 여성 정치 지도자들이 좋은 나라를 만들 수 있다.

2. 들은 내용과 같으면 O표, 다르면 X표 하십시오.

1) 남자는 여성이 한국의 대통령이 되기를 바란다. ( )

2) 국가행복지수 10위 안에 든 유럽국가 중 스웨덴이 가장 먼저 복지국가의 기초를 마련했다. ( )

3) 최근 5년 간 유럽 16개국에서 여성들이 지도자가 되었다. ( )

3. 여성지도자론은 무엇입니까?

제8과 미국, 남녀공학 원칙 깨지는가

학습 목표

성별 분리교육에 대한 이야기를 듣고 이해할 수 있다.

과제 및 활동

성별 분리교육에 대해 자신의 의견 말하기.

▶ 여러분은 남녀공학에 다닌 적이 있습니까?

▶ 여러분은 왜 남녀공학(남학교/여학교)을 선택했습니까?

▶ 여러분 나라에는 어떤 학교가 많습니까?

새 어휘

남녀공학
분리
권장하다
개정하다
인종
차별
중산층
서민층
산만하다
부진하다
동조하다
반발하다
커리큘럼
반박하다
부유층

Ⅰ. 어휘를 공부해 봅시다.

1. 관계있는 것끼리 연결하십시오.

권장하다　개정하다　산만하다　부진하다　동조하다　반발하다

1) 법, 규칙, 규정 • 　　• 권장하다
2) 주장, 의견, 제안 • 　　• 개정하다
3) 주의, 마음, 정신 • 　　• 산만하다
4) 학업, 성적, 활동 • 　　• 부진하다
5) 결정, 권위, 대우 • 　　• 동조하다
6) 독서, 저축, 대중교통수단 이용 • 　　• 반발하다

2. ________에 알맞은 어휘를 쓰십시오.

분리　인종　차별　중산층　서민층　부유층

아파르트헤이트(Apartheid)란 남아프리카공화국의 백인정권에 의하여 1948년에 법으로 공식화된, 유색 1) __________에 대한 정치 및 경제 면에서의 2) __________정책을 말한다. 아파르트헤이트에 따르면 거주지와 출입구역 3) __________ 등도 포함된다.

외환위기 이후 중간 수준의 경제력을 지닌 4) __________이/가 무너지고 있고, 재산이 넉넉하여 물질적으로 풍요하게 사는 5) __________과/와 경제적으로 중류 이하의 넉넉하지 못한 생활을 하는 6) __________과의/와의 격차가 커져서 사회문제가 되고 있다.

3. 성별 분리교육과 관련된 어휘입니다. ( )에 알맞은 어휘를 쓰십시오.

평등하다	전환하다	통합하다	선호하다	지도력

1) 사람은 누구나 법 앞에 ( )는다/ㄴ다/다. 예외가 있을 수 없다.
2) 지도자는 국민 개개인의 힘을 ( )을/ㄹ 수 있는 정치력을 발휘해야 한다.
3) 사무실에서 일하는 것보다 현장에서 발로 뛰는 것을 ( )는/은/ㄴ 젊은이들이 증가하고 있다.
4) 대한고등학교는 내년 3월부터 대한과학고등학교로 ( )어서/아서/여서 신입생 120명을 선발하게 된다.
5) 알파걸(α-girl)은 학업, 운동, ( ) 등 모든 면에 있어서 남자에게 뒤지지 않는 뛰어난 소녀를 뜻한다.

II. 이야기를 듣고 질문에 답해 봅시다. MP3 CD:08-1~6

1. 듣고 무엇에 대한 이야기인지 말해 보십시오.

2. 이야기를 부분별로 듣고 질문에 대한 답을 쓰십시오.

1) 뉴욕타임즈가 보도한 소식은 무엇입니까?

____

2) 미국에서 성별 분리학교가 드문 이유는 무엇입니까?

____

3) 중산층 이하의 학부모들은 왜 성별 분리교육을 찬성합니까?

______________에 대한 호기심이 많은 청소년들이 ______________에서 공부하면 주의가 산만해져서 ______________이/가 부진하기 때문이다.

4) 성별 분리교육에 대한 여성단체들의 입장은 어떻습니까?

____

3. 다시 듣고 들은 내용과 같으면 O표, 다르면 X표 하십시오.

1) 미국의 사립학교 중 0.1%만이 성별 분리수업을 하고 있다. (　　　)
2) 미국 정부는 대통령 선거에서 더 많은 표를 얻기 위해서 성별 분리교육을 도입하려고 한다. (　　　)
3) 성별 분리수업을 찬성하는 사람들은 주로 상류층이다. (　　　)
4) 여성단체들은 부유층의 경제력 덕분에 사립학교 학생들의 성적이 좋다고 생각한다. (　　　)

III. 성별 분리교육에 대해 이야기해 봅시다.

1. 학교에 대한 생각 중 동의하는 것에 ✓표 하십시오.

☐ 학교는 미래의 직업이나 성공을 위한 도구이다.
☐ 학교는 남녀가 어울려 사는 '작은 사회'이자 '전인교육'의 장소이다.
☐ 학교는 사회적 약자를 배려해야 하는 사회적 복지·개발 프로그램이다.

2. 성별 분리교육에 대해 찬성합니까? 반대합니까? 1번에서 선택한 내용을 근거로 이유를 써 보십시오.

	찬성 (　　)	반대(　　)
이유		

3. 성별 분리교육에 대해 토론해 보십시오.

Ⅳ. 글을 읽고 질문에 답해 봅시다.

25년 전만해도 세계에는 300여 개의 여자대학이 있었지만 지금은 58개로 줄어들었다. 19세기 초 미국에서 여대가 생겨날 무렵에는 '여성도 고등교육을 받을 수 있게 하자'는 취지였으나 남녀평등이 진행되어 여성의 사회적 위상이 높아진 지금은 그 의미가 많이 사라졌다. 이렇다 보니 많은 여대들이 전통을 버리고 남자 입학생을 받게 됐다.

국내 여대 역시 남녀 공학으로 전환하거나 다른 대학과 통합하는 추세여서 현재 4년제 여대는 7곳뿐이고, 이 중 6곳이 서울에 있다. 교육부가 전국 54개 고교 학생과 학부모, 교사를 대상으로 설문 조사를 실시한 결과 남학생(88.7%)과 여학생(85.6%), 남성학부모(68.2%)와 여성학부모(70.9%) 모두 큰 차이 없이 남녀공학을 원하는 것으로 조사되었다.

여대가 감소하는 이유에 대해서 전문가들은 첫째, 양성평등 수준이 높아져서 사회전반의 여성관이 변했고 둘째, 개방적인 사회풍조로 바뀌면서 남녀공학을 선호하는 여학생들이 많아졌으며 셋째, 여학생들의 성적이 높아져 '남자들과 경쟁해도 불리할 것이 없다'는 생각이 확산되었고 넷째, 대학 지원자수의 감소와 입학정원의 증가로 여대의 학생 유치가 힘들어졌다는 점을 들고 있다. 또 여대 졸업생들의 낮은 취업률과 동문회의 모교지원 부진으로 인한 재정적 어려움도 여대 감소에 한 몫을 하고 있다고 한다.

위기에 직면한 여대들은 '여대만의 특화된 교육'을 내세우고 있으며 여학생들이 남녀공학에서 얻기 어려운 가치들을 강조하고 있다. 세화여대 이광섭 총장은 "여성들의 지도력을 키우고 잠재력을 계발한다는 점에서 여대는 커다란 장점을 지니고 있기 때문에 남녀공학에 다니는 여성은 상대적으로 지도자가 되기 힘든 반면 여대에서는 지도자로 성장할 기회가 많다"면서 "여대는 여성의 장점을 살리는 교육과정을 제공할 수 있다"고 주장했다.

1. 이 글의 제목으로 알맞은 것은 무엇입니까? (   )

① 위기의 여대　　　② 성공하려면 여대로 가라
③ 여대와 지도력　　　④ 여대 감소의 해결책은?

2. 이 글의 내용과 다른 것을 고르십시오. (　　　)

① 미국은 여성의 사회적 위상이 높아지면서 여대가 줄었다.
② 조사 결과 학생들이 학부모들보다 남녀공학을 더 원하는 것으로 나타났다.
③ 여성관과 사회풍조의 변화로 남녀공학의 인기가 높아졌다.
④ 여대 졸업생들은 모교 지원에 적극적이어서 학교 발전에 큰 도움이 되고 있다.

3. 여대에서 우수한 학생들을 유치하려면 어떤 방법이 가장 효과적일까요? 이야기해 보십시오.

제9과 흡연자, 더 이상 설 자리는 없다

학습 목표

공공장소 흡연 금지에 대한 글을 읽고 이해할 수 있다.

과제 및 활동

공공장소 흡연 금지에 대해 자신의 의견 말하기.

▶ 여러분은 담배를 피우십니까?

▶ 여러분 나라에서는 흡연자가 증가하고 있습니까? 감소하고 있습니까?

▶ 여러분 나라에서는 사람들이 담배 피우는 모습을 어디에서나 흔히 볼 수 있습니까?

새 어휘

일제히
선포하다
천국
전면
골초
저항
단속
시행
식도
업소
관대하다
만만찮다
협박하다
헌법
위배되다
헌법소원

프랑스를 비롯하여 영국과 독일 등 유럽 주요 국가들이 최근 일제히 담배와의 전쟁을 선포하고 나섰다. 유럽은 이제 더 이상 '흡연 천국'이라는 별명이 어울리지 않을 것 같다.

1일부터 프랑스의 식당, 바, 호텔, 카지노, 디스코텍, 카페 등 공공장소에서의 흡연이 전면 금지됐다. 프랑스는 골초의 나라답게 카페와 음식점에서의 금연에 대한 저항이 컸지만 프랑스 정부는 금연정책을 강력하게 밀어붙이고 있으며 흡연 단속 경찰이 전국 곳곳을 감시할 계획이다.

이미 공공장소 금연을 시행 중인 영국은 올해부터 모든 담배회사가 흡연으로 인해 암에 걸린 식도 사진 등을 의무적으로 담뱃갑에 실어야 한다.

스페인은 정부가 직접 금연 캠페인을 실시하고 있다. 담배와의 전쟁을 통해 현재 30% 대인 흡연율을 2년 후에는 25%까지 낮추겠다고 발표했다. 스페인은 2년 전부터 공공장소 금연을 시행하고 있다. 음식점의 경우 현재는 100㎡ 이하의 소규모 영업장에 한해 흡연실에서 담배를 피울 수 있지만 이런 예외도 올해부터 모두 없애기로 했다. 벌금은 30유로이지만 점점 높아지는 추세이며 위반 업소는 최고 600유로까지 내야 한다.

비교적 담배에 관대했던 독일에서도 지난해 9월부터 2개 주에서 공공장소 금연이 시행됐다. 올해는 더 많은 지역으로 확대될 것으로 전망된다.

하지만 반발도 만만찮다. 프랑스에서는 대표적인 골초 가수의 노래가 갑자기 인기를 끄는가 하면 '그래도 나는 피운다' 라고 쓰인 셔츠도 등장했다. 게다가 담배판매업협회는 카페와 음식점 금연 결정을 철회하지 않으면 담배 가게 문을 일제히 닫아 버리겠다고 협박까지 하고 있다. 독일의 경우 호텔업협회는 공공장소 금연 관련법이 헌법에 위배 된다며 헌법소원을 제기해 놓은 상태이다.

Ⅰ. 어휘를 공부해 봅시다.

1. 밑줄 친 어휘와 관계없는 것에 ✓표 하십시오.

선포하다 관대하다 만만찮다 협박하다 위배되다

1) 선포하다 ① 알리다 ② 선언하다 ③ 포기하다
2) 관대하다 ① 너그럽다 ② 관심이 많다 ③ 마음이 넓다
3) 만만찮다 ① 충분하다 ② 쉽지 않다 ③ 보통이 아니다
4) 협박하다 ① 겁을 주다 ② 위협하다 ③ 명령하다
5) 위배되다 ① 어긋나다 ② 위험하다 ③ 맞지 않다

2. ________에 알맞은 어휘를 쓰십시오.

저항 단속 시행 헌법 헌법소원

앞으로는 중·고등학교 교문 앞에서 선생님들이 머리모양이나 길이와 색깔, 옷차림 등을 1)______________하면서 벌주는 모습이 사라질 지도 모릅니다. 또한 흡연 학생 지도를 위해 2)______________하던 소지품 검사도, 반성문을 쓰던 학생들의 모습도 볼 수 없을 것 같습니다. 최근 OO고등학교 학생들이 학교 측의 지나친 머리길이 제한과 소지품 검사에 반발해 그에 대한 3)______________으로/로 전교생이 삭발을 하는 일이 벌어졌습니다. 게다가 귀와 눈썹, 목덜미가 다 보여야하는 지금의 머리길이 제한 규칙과 학생들의 동의가 없는 소지품 검사는 학생의 자기결정권을 인정하는 4)______________에 위배되므로 헌법재판소에 5)______________을/를 제기할 거라고 합니다.

3. 공공장소 흡연 금지와 관련된 어휘입니다. 무엇에 대한 설명인지 ________에 알맞은 어휘를 쓰십시오.

권리 흡연권 혐연권 건강권 생명권 행복추구권 침해

1) ______________ : 좋은 환경에서 건강한 몸과 마음을 유지할 권리.
2) ______________ : 국민이 인간으로서의 행복을 추구할 수 있는 권리.

3) ____________________ : 법에 의해 정해진 특정한 이익을 누리지 못하게 함.
4) ____________________ : 별다른 제한이나 금지 없이 담배를 피울 수 있는 권리.
5) ____________________ : 어떤 일을 하거나 특별한 이익을 누릴 수 있는 법률상의 힘이나 자격.
6) ____________________ : 담배를 피우지 않는 사람이 공공장소에서 담배 연기를 거부할 권리.
7) ____________________ : 죽임을 당하지 않고 생명의 위협을 받지 않으며 생명을 유지할 권리.

II. 글을 읽고 질문에 답해 봅시다.

1. 글의 제목으로 알맞은 것은 무엇입니까? (　　　)

① 유럽, 골초들의 천국　　② 유럽, "담배, 꼼짝 마!"
③ 금연, 정부가 앞장서야　　④ 그래도 우리는 피운다

2. 글의 내용과 같으면 O표, 다르면 X표 하십시오.

1) 프랑스 국민들은 정부의 금연정책을 잘 따라준다. (　　　)
2) 영국에서는 현재 공공장소에서 담배를 피우지 못한다. (　　　)
3) 스페인은 올해부터 소규모 영업장에서도 전면 금연이 시행된다. (　　　)
4) 독일은 지금까지 유럽에서 가장 강력한 금연정책을 펴왔다. (　　　)

3. 공공장소 금연 정책에 대한 반발로 어떤 일이 있었습니까? 쓰십시오.

나라 이름	구체적인 예

Ⅲ. 공공장소 흡연 전면금지에 대해 이야기해 봅시다.

1. 공공장소에서의 흡연을 법으로 금지시킬 필요가 있다고 생각하십니까?

2. 공공장소 흡연 전면금지에 대한 찬성과 반대 입장을 정하고 그 이유를 써 보십시오.

	찬성(　　)	반대(　　)
이유		

3. 공공장소 흡연 전면금지에 대해서 토론해 보십시오.

Ⅳ. 이야기를 듣고 질문에 답해 봅시다. MP3 CD:09

1. 무엇에 대한 이야기입니까?　(　　　　)

① 흡연자들의 권리
② 비흡연자들의 주장
③ 흡연자들이 당하는 불이익
④ 충돌하는 흡연권과 혐연권

2. 이야기의 내용과 같으면 O표, 다르면 X표 하십시오.

1) 서준호 교수는 공공장소 흡연 금지법이 흡연자의 행복추구권을 침해한다고 생각한다. (　　　)

2) 헌법재판소는 혐연권이 흡연권과 동등한 권리가 있다고 밝혔다. (　　　)

3) 담배 관련 세금이 지방자치단체 예산의 약 30%를 차지한다. (　　　)

4) 서준호 교수는 흡연이 정신 건강을 해친다는 점은 인정했다. (　　　)

3. 서준호 교수는 헌법재판소의 결정에 대해서 어떻게 생각합니까? 앞으로 서 교수는 어떤 행동을 취할 것 같습니까?

제10과 연예인 사생활 침해, 불가피한가

학습 목표

연예인 사생활 침해에 대한 글을 읽고 이해할 수 있다.

과제 및 활동

연예인 사생활 침해에 대해 자신의 의견 쓰기.

▶ 연예인의 사생활을 보도하는 기사나 방송을 자주 보십니까?

▶ 왜 기자들은 연예인들이 공개하기를 원하지 않는 사생활을 보도할까요?

▶ 연예인들의 사생활 침해 사례를 이야기해 봅시다.

새 어휘

유출
공인
당사자
대중
추락
배역
악용하다
신상
노출
일거수일투족
자유분방하다
무차별적이다
제도적으로
장치
인권
토대

지난 5월에 연인 사이였던 영화배우 김동우 씨와 아나운서 최인영 씨의 매우 사적인 모습들이 담긴 사진이 미니홈피 해킹으로 대량 유출되는 사건이 발생했다. 결혼을 앞둔 사이이기는 했으나 공인이었던 만큼 당사자는 물론 이를 바라보는 대중들도 충격을 감추지 못했다. 범인은 단순한 호기심에서 저지른 일이라고 했지만 이 사건으로 인해 이미지가 추락된 김동우 씨는 곧 촬영에 들어가기로 한 영화의 배역에서 제외되었으며 최인영 씨는 따가운 대중의 시선을 견디지 못하고 직장을 그만두었다.

유명 가수 한사랑 씨도 최근 미니홈피를 해킹당하고 협박범에게 5,000만원까지 빼앗긴 것으로 알려졌다. 사생활 공개를 두려워하는 연예인의 약점을 악용한 범죄인데다 피해자가 쉽게 만나기 어려운 톱가수라는 점에서 더욱 더 충격적이다. 해킹당한 자료는 한사랑 씨와 전 애인인 뮤지컬 배우 이정수 씨가 함께 찍은 사진과 주고받은 이메일인데 모 잡지사 기자가 이를 해킹하고 협박해 돈을 뜯어낸 것이다.

이뿐만이 아니다. 얼마 전 대중문화에 큰 영향을 끼친 가수와 국제영화제에서 여우 주연상까지 받은 여배우의 숨겨진 사생활이 밝혀져 각각 사귀고 있던 연인과 헤어진 일이 있었다. 또한 유명 배우 부부의 자녀 신상이 인터넷에 낱낱이 노출되는가 하면 한 아이돌 그룹은 TV 인터뷰에서 "팬이 몰래 숙소 안으로 들어와 찍은 사진을 인터넷에 올렸다"며 사생활 침해로 인한 괴로움을 이야기했다.

연예인의 일거수일투족은 대중의 관심사이다. TV를 벗어난 연예인의 자유분방한 모습을 보길 원하는 것은 어쩔 수 없는 호기심이다. 하지만 무차별적인 사생활 유출과 이를 문제 의식 없이 받아들이는 태도는 비난받아야 한다는 목소리도 높다. 한 연예 관계자는 "연예인의 사생활을 보호받을 장치는 제도적으로도 현실적으로도 불가능하지만 공인의 인권을 존중해주는 토대는 마련돼야 한다"고 말했다.

Ⅰ. 어휘를 공부해 봅시다.

1. 무엇에 대한 설명인지 ________에 알맞은 어휘를 쓰십시오.

공인	대중	인권	토대	장치

1) ______________ : 수많은 사람의 무리.
   ○○문화, ○○교통, ○○매체
2) ______________ : 인간으로서 당연히 가지는 기본적 권리.
   ○○침해, ○○보호, ○○운동
3) ______________ : 국가나 사회에 관계되는 일에 종사하는 사람.
   ○○의식, ○○의 자세, ○○으로서의/로서의 책임
4) ______________ : 어떤 사물이나 사업의 밑바탕이 되는 기초와 밑천.
   ○○을/를 닦다, ○○을/를 쌓다, ○○을/를 마련하다
5) ______________ : ① 어떤 목적에 따라 기능하도록 장착하는 기계, 도구, 설비.
   ② 어떤 일을 원만하게 수행하기 위하여 설정한 조직 구조나 규칙.
   안전○○, 냉방○○, 법적○○, 제도적 ○○

2. ________에 알맞은 어휘를 쓰십시오.

유출	당사자	추락	배역	신상	노출	일거수일투족	자유분방하다

가 : 영화배우 제시카 윌리스의 1)____________________는/은/ㄴ 사생활이 찍힌 동영상이 2)____________________되었대요.

나 : 네, 저도 들었는데 해킹당했다면서요? 그렇지 않아도 그 배우의 3)____________________이/가 파파라치들의 관심 대상인데 이런 사건까지 터지다니 …….

가 : 그동안 영화에서 깨끗한 이미지의 4)____________________을/를 주로 맡았었는데 이 일로 이미지가 많이 5)____________________하겠어요.

나 : 그러게요. 게다가 동영상에 등장하는 연인들의 6)____________________정보까지 인터넷에 7)____________________되어 심각한 사생활 침해가 우려된대요.

가 : 8)＿＿＿＿＿＿＿＿＿＿들은 지금 얼마나 괴롭고 힘들까요? 그런데 제시카 윌리스에게 동영상을 인터넷에 퍼뜨리겠다고 협박했던 해커는 어떻게 되었대요?

나 : 꼬리가 길면 밟힌다고 다른 연예인들에게도 똑같은 짓을 하다가 오늘 경찰에 잡혔다네요.

3. 연예인 사생활 침해와 관련된 어휘입니다. (　　　)에 알맞은 어휘를 쓰십시오.

공개하다	불가피하다	기사화되다	알 권리	우선시되다	존엄성

1) 사형이 인간의 (　　　　　　)을/를 침해한다고 사형폐지를 주장하는 사람들이 많다.
2) 이제는 우리 사회에 학벌보다 능력이 (　　　　　　)는/은/ㄴ 분위기가 조성되어야 한다.
3) 국립박물관은 이번에 기증받은 국보급 유물을 일반인들에게 (　　　　　　)었다/았다/였다.
4) 정부의 자유무역협정 체결로 우리 농산물과 외국 농산물의 경쟁이 (　　　　　　)는다/ㄴ다/다.
5) 양미란 선수의 인기는 하늘을 찌를 듯해서 양 선수가 얼굴을 찡그리기만 해도 (　　　　　　)을/ㄹ 정도이다.
6) 성범죄자의 얼굴을 방송에서 보여주는 것에 대한 논쟁이 한창이다. 찬성하는 쪽에서 주로 내세우는 것은 국민의 (　　　　　　)과/와 범죄예방 효과이다.

II. 글을 읽고 질문에 답해 봅시다.

1. 이 글에서 말하고자 하는 것은 무엇입니까? (　　　)

① 연예인은 대중에게 막대한 영향력을 미친다.
② 연예인은 공인이기 때문에 모든 것이 공개 대상이다.
③ 연예인들의 사생활이 악의적인 목적에서 기사화되는 경우가 많아지고 있다.
④ 연예인의 사생활 공개에 있어서 인권을 존중하는 분위기가 정착되어야 한다.

2. 글의 내용과 같으면 O표, 다르면 X표 하십시오.

1) 김동우 씨와 최인영 씨의 미니홈피가 해킹당한 사건은 범인이 큰돈을 받아낼 목적으로 저질렀다. ( )
2) 김동우 씨는 사진 유출 사건 때문에 영화를 못 찍게 되었다. ( )
3) 잡지사 기자가 연예인의 약점을 이용해 돈을 받아냈다. ( )
4) 연예인 자녀들도 사생활 침해 문제에서 예외가 아니다. ( )

3. 이 글에서 무엇이 비난 받아야 한다고 했습니까? 쓰십시오.

무차별적인 ________________과/와 이를 ________________ 없이 받아들이는 태도는 비난 받아야 한다.

III. 연예인 사생활 침해 논란에 대해 써 봅시다.

1. 연예인의 사생활은 대중에게 공개되어야 한다고 생각하십니까?

2. 다음에 대해서 생각해 보고 의견을 말해 보십시오.

1) 연예인은 공인인가?
2) 연예인의 사생활은 어디까지 공개돼야 할까?
3) 언론은 연예인의 사생활을 어떻게 다뤄야 할까?

3. 2.에서 이야기한 것을 바탕으로 연예인 사생활 침해 논란에 대한 자신의 입장을 써 보십시오.

Ⅳ. 이야기를 듣고 질문에 답해 봅시다. MP3 CD:10

1. 무엇에 대한 이야기입니까? (　　　　)

① '공인'의 정의　　② 언론 보도의 문제점
③ 국민의 알 권리　　④ 연예인의 사생활 침해 논란

2. 연예인의 사생활 공개에 대해서 남자의 입장과 관계가 있으면 '남', 여자의 입장과 관계가 있으면 '여'를 쓰십시오.

1) (　　　　) 연예인은 공인이다.
2) (　　　　) 연예인은 공인의 성격을 띤 유명인일 뿐이다.
3) (　　　　) 연예인은 대중의 관심을 먹고 산다.
4) (　　　　) 개인의 존엄성을 고려해야 한다.

3. 여러분이 연예인이라면 공개를 원하지 않은 사생활이 노출되었을 때 어떻게 대응하시겠습니까?

제11과 19금 판정, 합리적인 심의 기준 필요해

학습 목표

노래 및 영화의 심의에 대한 이야기를 듣고 이해할 수 있다.

과제 및 활동

노래 및 영화의 심의 기준에 대해 자신의 의견 말하기.

- ▶ 청소년들이 볼 수 없는 영화는 어떤 영화들입니까?
- ▶ 청소년들이 들을 수 없는 노래에는 어떤 표현이나 내용들이 있을까요?
- ▶ 19금 영화나 노래를 보거나 들은 적이 있습니까?

새 어휘

주가
판정
오락가락하다
심의
비속어
유해매체물
재심의
세칙
완화하다
정당화하다
해제되다
비난
제기되다
패소하다
사례
번복하다
시급하다

Ⅰ. 어휘를 공부해 봅시다.

1. ________에 알맞은 어휘를 쓰십시오.

주가	판정	심의	비난	사례

요즘 좋은 성적과 올바른 이미지로 1)____________을/를 올리고 있는 박무현 선수가 이번 올림픽 자유형 종목에서 다른 선수들보다 일찍 출발을 했다는 이유로 심판들로부터 실격 2)____________을/를 받았다. 그러나 잘못된 판정이라는 여론의 3)____________을/를 받자 심판들은 4)____________을/를 거쳐 판정을 취소했다. 이는 심판들도 때로는 잘못된 판단을 할 수 있음을 보여주는 5)____________이다/다.

2. (   )에 알맞은 어휘를 쓰십시오.

오락가락하다	완화하다	정당화하다	해제되다	번복하다

1) 한 번 결정한 일은 쉽게 (   )으면/면 안 된다.
2) 목격자들의 (   )는/은/ㄴ 증언 때문에 경찰 수사가 더 늦어지고 있다.
3) 어떤 이유로도 폭력을 (   )을/ㄹ 수는 없다.
4) 오전에 내려졌던 폭풍주의보가 오후가 되면서 (   )었다/았다/였다.
5) 학생들은 학교에서 복장 규제를 (   )기로 했다는 소식을 듣고는 뛸 듯이 기뻐했다.

3. 노래 및 영화 심의와 관련된 어휘입니다. ________에 알맞은 어휘를 쓰십시오.

상영등급	관람불가	선정적	폭력적	해금

청소년들은 음반을 듣거나 영상물을 보는 데에 제약을 받는다. 한국에서는 영화가 상영되려면 영상물등급위원회로부터 1)________________을/를 판정받아야 하는데 이러한 등급에는 전체 관람가, 12세 관람가, 15세 관람가, 18세 관람가, 제한상영가 등이 있다. 18세 관람가는 청소년 2)________________을/를 의미한다. 청소년보호위원회에서는 영화, 노래, 게임 등의 매체물이 청소년들에게 해를 준다고 판단하면 청소년 유해매체물로 판정한다. 매체물이 야한 장면이나 내용이 많아 3)________________이거나/거나 사람이나 동물을 잔인하게 해치고 기물을 파손하는 등 4)________________일 경우 청소년 유해매체물로 판정된다. 그러나 시대에 따라 기준이 변하기 때문에 과거에 금지되었던 매체물이 5)________________되는 경우도 있다.

II. 이야기를 듣고 질문에 답해 봅시다. MP3 CD:11-1~6

1. 듣고 무엇에 대한 이야기인지 말해 보십시오.

2. 이야기를 부분별로 듣고 질문에 대한 답을 쓰십시오.

1) 제우스의 노래에 대해 무엇이 취소되었습니까?

____

2) 2년 전 제우스의 노래가 청소년 유해매체물 판정을 받은 이유는 무엇입니까?

____

3) 여성가족부는 어떤 비난을 받고 있습니까?

____

4) 전문가는 무엇이 문제라고 생각합니까?

____

3. 다시 듣고 들은 내용과 같으면 O표, 다르면 X표 하십시오.

1) 가수 제우스가 산 주식의 값이 많이 올랐다. ( )
2) 이번에 다른 가수의 노래도 청소년 유해매체물 판정이 취소되었다. ( )
3) 지난해 시행된 심의세칙은 이전보다 완화되었다. ( )
4) 지난해 그룹 고스트가 여성가족부를 상대로 소송을 해서 이겼다. ( )

III. 노래 및 영화의 심의 기준에 대해 이야기해 봅시다.

1. 노래나 영화에 대한 심의가 왜 필요하다고 생각합니까?

2. 심의 기준에 대한 자신의 생각을 써 보십시오.

	노래	영화
제한해야 하는 표현		
제한해야 하는 이유		
제한 연령		

3. 노래 및 영화의 심의 기준에 대해 토론해 보십시오.

Ⅳ. 글을 읽고 질문에 답해 봅시다.

한류가 유행하면서 사람들의 눈과 귀를 잡아끄는 뮤직비디오들이 경쟁적으로 만들어지고 있다. 그 중에는 방송사에서 방송할 수 없다는 판정을 받은 것들도 많다. 문제는 우리의 자녀들이 이러한 뮤직비디오들을 인터넷으로 얼마든지 볼 수 있다는 것이다. 우리 모임의 학부모들은 요즘 뮤직비디오를 모니터하고 있는데 이구동성으로 "낯이 뜨거워서 보기가 힘들다"고 한다. 여성을 성상품화하거나 선정적, 폭력적 장면이 많기 때문이다. 그러나 요즘 연예기획사에서는 유튜브에서 비디오 재생 시작 전에 3초 동안 등급을 표시하도록 하는 뮤직비디오 사전등급제에 대해 한류의 세계화를 방해하는 제도라며 불평한다. 30초 동안의 광고는 허용하면서 점점 선정성, 폭력성이 높아지는 뮤직비디오에 대해 3초 동안 등급을 표시할 시간도 아깝다는 것은 눈앞의 이익을 위해 우리 사회의 미래를 책임질 청소년들에게 미칠 악영향은 무시하겠다는 것과 다름없다.

윤지영 (학부모 모임 대표)

나라의 희망인 청소년은 보호되어야 한다는 데에는 누구나 동의한다. 그러나 뮤직비디오 사전등급제는 형평성 면에서 문제가 된다. 유튜브에는 세계 곳곳에서 뮤직비디오를 포함해 자신이 만든 UCC 등 수없이 다양한 영상이 올라온다. 그러나 이러한 사전등급제를 등록된 제작사 및 배급사와 국내 온라인 음악서비스 사업자만을 대상으로 하는 것은 형평성에 어긋난다. 성인용 야한 영상을 인터넷에 올리면 1,000만원의 벌금을 내야 하는 반면 등급판정을 받지 않은 뮤직비디오를 올릴 경우 2,000만원의 벌금을 내게 되어 있는데 이것도 성인용 영상을 올린 사람보다 뮤직비디오 제작자의 죄가 더 크다는 뜻이 되므로 형평성에 어긋난다. '뮤직비디오는 청소년들에게 나쁜 영향을 끼치는 것'이라는 생각은 잘못된 인식이다. 이런 인식 대신 사회 환경을 더 건강하게 만들어 청소년과 한류가 함께 발전할 수 있는 방법을 찾아야 한다.

정수철 (음악프로듀서)

1. 두 개의 글은 무엇에 대한 것입니까? (　　　　)

① 뮤직비디오 사전등급제　　② 청소년 보호법
③ 한국 대중가요의 세계화　　④ 인터넷 사용 제한

2. 학부모 모임 대표의 생각에는 '학', 음악프로듀서의 생각에는 '음'이라고 쓰십시오.

1) 뮤직비디오는 선정적, 폭력적 장면이 많아 청소년들에게 유해하다. (　　　)
2) 뮤직비디오 등급제는 일부에게만 불리한 불공평한 제도이다. (　　　)
3) 연예기획사가 뮤직비디오 등급제를 반대하는 태도는 무책임하다. (　　　)
4) 뮤직비디오 등급제 대신 건강한 사회 환경이 더 필요하다. (　　　)

3. 두 사람의 의견 중 누구의 의견에 동의합니까?

제12과 개발이냐 보존이냐

학습 목표

개발로 인한 문화재 훼손과 문화재 보존으로 인한 개인재산권 침해에 대한 이야기를 듣고 이해할 수 있다.

과제 및 활동

문화재 보존과 개인재산권 침해에 대해 자신의 의견 말하기.

▶ 여러분 나라의 대표적인 문화재를 이야기해 보십시오.

▶ 훼손된 문화재를 본 적이 있습니까?

▶ 문화재가 훼손되는 원인은 무엇일까요?

새 어휘

출토되다
재개발
발굴
행사
보상하다
촉구하다
현수막
규제
시위
낙후되다
지역이기주의
지정하다
턱없이
학계
터전
자부심
현실적이다

Ⅰ. 어휘를 공부해 봅시다.

1. (　　　)에 알맞은 어휘를 쓰십시오.

출토되다　보상하다　촉구하다　낙후되다　지정하다　현실적이다

1) 왕릉에서 수많은 도자기와 장신구들이 (　　　　　　)었다/았다/였다.
2) 직장문제, 집문제 등등 (　　　　　　)는/은/ㄴ 문제가 해결되지 않아 결혼을 미루고 있다.
3) 정부는 이번 홍수로 농민들이 입은 피해를 (　　　　　　)어/아/여 주기로 결정했다.
4) 그 도시는 아직도 수질오염을 방지할 하수처리시설이 매우 (　　　　　　)는/은/ㄴ 상태이다.
5) 경찰청에서는 학교 앞길과 주택가 골목길 등을 어린이보호구역으로 (　　　　　　)었다/았다/였다.
6) 국회의원들은 이번 사건의 진실을 빠른 시일 내에 밝힐 것을 정부에 (　　　　　　)었다/았다/였다.

2. ________에 알맞은 어휘를 쓰십시오.

재개발　발굴　규제　시위　지역이기주의　터전　자부심

요즘 경기도 ○○시는 쓰레기 매립장 건립을 앞두고 지역주민들이 시청 앞에서 날마다 벌이는 반대 1)________________ 때문에 고민이 많다. 깨끗하고 아름다운 자연환경에 대해 2)______________을/를 갖고 있는 주민들은 쓰레기 매립장이 생기면 환경이 오염되어 현재 살고 있는 3)______________을/를 잃을 수도 있다며 강력하게 반발하고 있다. 자기 지역의 이익만 챙기려 드는 4)______________이라고/라고 비난받을 수도 있겠지만 더 이상 양보할 수 없는 주민들의 마음도 이해해야 한다. 최근 주거지역에서 옛 궁궐터가 5)______________되어, 쾌적한 주거환경을 위해 추진하던 6)______________의 꿈이 사라졌기 때문이다. 문화재

보호를 위한 여러 7)_______________들 때문에 주민들이 재산권 침해를 받게 된 데다가 쓰레기 매립장까지 들어선다고 하니 불만이 한꺼번에 터져 버린 것이다.

3. 문화재 보존과 관련된 어휘입니다. 밑줄 친 부분과 관계있는 어휘를 (　　　)에 쓰십시오.

유물　　훼손　　소실　　도굴　　복원

전쟁으로 인한 문화재 피해가 심각하다. ①우리 조상들이 남긴 소중한 것들이 전쟁 중에 ②불에 타 없어져 버렸고 수많은 ③옛무덤들이 파헤쳐져 보물들이 사라지기도 했다. 무엇보다도 ④부서지거나 오염되고 못 쓰게 된 문화재들을 자료에 근거해 ⑤원래의 위치와 상태, 모습으로 회복시키는 일이 시급하다.

① (　　　　　　　)　② (　　　　　　　)　③ (　　　　　　　)
④ (　　　　　　　)　⑤ (　　　　　　　)

II. 이야기를 듣고 질문에 답해 봅시다. MP3 CD:12-1~7

1. 듣고 무엇에 대한 이야기인지 말해 보십시오.

2. 이야기를 부분별로 듣고 질문에 대한 답을 쓰십시오.

1) 아파트 공사현장에서 어떤 일이 일어났습니까?

____

2) 유적발굴현장의 모습은 어떻습니까?

여러 곳에 _______________대책을 요구하는 현수막들이 보이고 주민들이 _______________ 중이다.

3) 주민들의 불만은 무엇입니까?

____

4) 풍납토성은 어떤 점에서 역사적으로 가치가 있습니까?

____

5) 앵커가 바라는 것은 무엇입니까?

____

3. 다시 듣고 들은 내용과 같으면 O표, 다르면 X표 하십시오.

1) 이 지역의 재개발이 중단되어 주민들이 살던 곳을 떠났다. (　　)
2) 이 지역은 그동안 다른 지역에 비해 발전이 늦은 편이었다. (　　)
3) 주민대표는 주민들의 집단행동이 지역이기주의라는 비판을 인정한다. (　　)
4) 앵커는 재산권 행사보다 문화재 보존을 우선해야 한다고 생각한다. (　　)

III. 문화재 보존과 주민들의 재산권 침해에 대해 이야기해 봅시다.

1. 문화유산을 보존하고 보호해야 하는 이유는 무엇입니까?

2. 주민거주지역이 문화재보호구역으로 지정되었을 경우의 문제점과 해결방안을 써 보십시오.

문제점	해결방안

3. 문화재도 보호하고 주민들도 만족할 수 있는 해결방안에 대해 토론해 보십시오.

Ⅳ. 글을 읽고 질문에 답해 봅시다.

개발로 인해 문화재가 위협받는 현실은 어제오늘의 일이 아니며 공사 과정에서 유물이 훼손되는 일도 비일비재하다. 하지만 문화선진국들은 개발에 따른 문화재 훼손과 도난, 도굴 등에 대비해 철저한 안전대책을 만들어 놓고 있다. 이들 국가는 다양한 정책을 바탕으로 시민들이 문화유산을 지키는 데 자발적으로 참여하게 하고 있다.

원주민 유적이 많은 호주는 개발에 따른 유적 파괴가 문제가 되자 이를 감시하는 문화유산 위원회를 만들었다. 이 위원회는 시민단체와 손을 잡고 전통 건축물, 유물 등 수백 점의 문화유산을 관리한다. 호주 정부는 단순한 문화재 관리를 넘어 문화재와 연관된 관광상품 개발, 교육, 전시기획을 통해 시민들의 자발적인 참여를 유도하고 있다.

일본 정부는 문화재 발굴 조사 중에도 대규모 관광객을 현장에 초대할 정도로 유적을 관광자원화하는 데 신경을 쓴다. 여기서 이득을 얻은 해당지역 주민들은 정부와 함께 적극적으로 보존에 참여하게 되어 효율적인 문화재 관리에 도움을 준다.

유네스코 지정 세계문화유산을 가장 많이 보유한 이탈리아 역시 시민들이 문화재 보호에 적극적이다. 수백 년 된 건물의 외벽 청소 작업이 도시의 풍경을 해친다는 주민 반발로 중단되었을 정도다. 프랑스는 고층건물 건설로 파리 도심의 문화유산이 파괴될 것을 우려해 파리 주변에 아예 신도시를 세워 개발과 보존을 훌륭하게 공존시켰다. 이 역시 시민들이 공사 반대운동을 벌인 결과이다.

이렇듯 문화재 관리는 정부의 노력만으로 되는 것이 아니다. 국민들의 관심과 참여가 있어야 효과를 거둘 수 있다. 전문가들은 정책을 다시 한 번 검토하고 문화재를 '개발에 방해가 되는 것'으로 여기는 잘못된 국민의식을 바꿔 국민 스스로 문화재 보호에 나서도록 하는 방법을 찾아야 한다고 입을 모은다. 그러기 위해서 정부는 언론과 지역 전시관, 박물관 등을 활용해 문화재의 소중함을 알리는 노력을 해야 한다.

1. 이 글의 중심 내용은 무엇입니까? (　　　　)

① 문화재를 관광자원화해야 한다.
② 문화재가 개발의 걸림돌이 될 수 있다.
③ 국민들의 관심과 참여로 문화재를 지킬 수 있다.
④ 세계 여러 나라에서 문화재 파괴가 문제가 되고 있다.

2. 이 글의 내용과 같은 것을 고르십시오. (   )

① 호주 정부는 시민들이 의무적으로 문화재 감시와 관리에 참여하게 한다.
② 일본 정부는 관광객들을 문화재 발굴에 참여시켜 유적을 관광자원화한다.
③ 이탈리아에서는 건물의 외벽청소로 여전히 문화재를 훼손시키는 일이 벌어지고 있다.
④ 프랑스는 도심개발로 인해 문화유산이 파괴될까 봐 도시 밖에 신도시를 건설했다.

3. 문화재 보호와 관리에 대한 국민들의 관심과 참여를 유도하기 위한 방법으로 위 글에서 언급된 것 외에 어떤 것이 있을까요?

제13과 원자력, 축복인가 재앙인가

학습 목표

원자력 에너지에 대한 글을 읽고 이해할 수 있다.

과제 및 활동

원자력 발전소 건설에 대해 토론하기.

출처:한국수력원자력

- ▶ 에너지를 만드는 방법에는 어떤 것들이 있습니까?
- ▶ 여러분 나라에는 에너지 자원이 많습니까?
- ▶ 여러분 나라에는 원자력 발전소가 있습니까?

새 어휘

고갈되다
화석에너지
절실하다
우수하다
충당하다
증기
석탄
원자로
방출하다
분열
발전기
핵연료봉
방사능
폐기물
재앙
치명적이다

나날이 오르고 있는 휘발유 값, 여름의 더위와 겨울의 추위를 이겨내려면 치러야 하는 비싼 냉난방 비용, 게다가 점점 고갈되어 가는 화석 에너지, 이 모든 것들을 생각할 때 새로운 에너지원 개발의 필요성은 절실하다. 새로운 에너지를 얻기 위해 지금까지 태양광이나 태양열, 수소, 파도 등을 이용한 대체에너지 개발 분야에서 많은 연구가 이루어졌다. 하지만 현재 비용이나 효율성 면에서 가장 우수한 대체에너지로 꼽히고 있는 것은 원자력 에너지이다. 이미 여러 나라에서는 많은 에너지를 원자력 에너지로 충당하고 있다.

원자력발전은 물을 끓여서 증기를 만들고 이 증기로 발전기를 돌려 에너지를 만드는데 이는 일반 화력발전 방식과 다르지 않다. 그러나 화력발전에서는 물을 끓이기 위해 석탄을 이용하지만 원자력발전에서는 원자로 안의 핵분열 반응을 이용한다는 점에서 차이가 난다. 원자핵은 아주 작아서 하나의 원자핵에서 방출하는 에너지는 매우 적다. 그러나 원자핵 분열은 빨리 그리고 대량으로 이루어지므로 적은 양의 우라늄에서 엄청나게 큰 에너지를 얻을 수 있다. 이 에너지에 의해 핵연료봉이 뜨거워지고 이 주위로 물을 흐르게 하여 뜨거운 증기를 만들어 낸다. 이 증기로 발전기가 돌아가게 되는 것이다.

우라늄은 가격이 낮기 때문에 특히 석유, 석탄 등의 화석연료가 부족한 나라에서는 에너지원으로서 큰 역할을 한다. 그러나 원자력 에너지를 얻는 과정에서 생기는 방사능과 방사성 폐기물의 해로운 성분들은 무서운 재앙이 될 수 있다. 원자력 발전소마다 엄청난 비용을 들여 안전장치를 갖추고 있지만 방사성 물질이 유출될 경우 해당 국가뿐만 아니라 주변 국가에까지도 치명적인 피해를 입힐 수 있기 때문이다.

Ⅰ. 어휘를 공부해 봅시다.

1. ________ 에 알맞은 어휘를 쓰십시오.

분열	발전기	방사능	재앙

1) ____________ : 지진, 홍수, 태풍 등 천재지변으로 인한 불행한 사고.
2) ____________ : 원자핵이 방사능과 열을 방출하면서 다른 원자핵들로 쪼개지는 현상.
3) ____________ : 열에너지, 화학에너지 등 다른 에너지를 전기에너지로 바꾸는 장치.
4) ____________ : 라듐, 우라늄 등의 원소의 원자핵이 붕괴하면서 방사선을 방출하는 일. 또는 그런 성질.

2. ( )에 알맞은 어휘를 쓰십시오.

고갈되다	절실하다	우수하다	충당하다	방출하다	치명적이다

1) 석유가 ( )을/ㄹ 때를 대비해서 대체에너지를 개발해야 한다.
2) 취업 준비를 열심히 하던 내 친구는 ( )는/은/ㄴ 성적으로 대기업에 입사했다.
3) 새로 개발된 기능성 등산복은 열을 저장했다가 기온이 떨어지면 열을 ( )어서/아서/여서 체온을 유지시켜 준다.
4) 식량난으로 굶어 죽어가는 아이들에 대한 도움이 ( )는다/ㄴ다/다.
5) 이번 행사에 필요한 경비 중 부족한 부분은 사장님의 지원금으로 ( )기로 했다.
6) 해파리 중에는 ( )는/은/ㄴ 독성을 가진 것들이 있으므로 바다에서 수영할 때에는 해파리가 나올 만한 곳을 피해야 한다.

3. 대체에너지와 관련된 어휘입니다. ________ 에 알맞은 어휘를 쓰십시오.

풍력 에너지	수력 에너지	바이오 에너지	태양광 에너지

석유, 석탄 등의 화석 에너지는 유한한 자원으로서 점점 고갈되어 가고 있다. 따라서 화석 에너지를 대신할 대체에너지 개발이 시급하다. 대체에너지의 종류로는 태양의 빛을 이용한 1)____________, 높은 곳의 물이 떨어지는 힘을 이용하는 2)____________, 바람을 이용한 3)____________, 옥수수나 감자 등을 이용해 얻는 4)____________ 등이 있다. 이러한 에너지들은 화석 에너지와 달리 거의 고갈되지 않고 환경 파괴도 덜하다는 점에서 강점을 가지고 있다.

II. 글을 읽고 질문에 답해 봅시다.

1. 맞는 내용을 연결하십시오.

1) 첫째 문단 • 　　　　• 원자력발전의 원리.
2) 둘째 문단 • 　　　　• 대체에너지 개발의 필요성.
3) 셋째 문단 • 　　　　• 원자력 에너지의 장단점.

2. 기사의 내용과 같으면 O표, 다르면 X표 하십시오.

1) 원자력 에너지는 대체에너지로서의 가능성이 매우 낮다. (　　)
2) 원자력발전과 화력발전은 그 기본 원리가 다르다. (　　)
3) 우라늄은 적은 양으로 엄청난 에너지를 만든다. (　　)
4) 원자력 발전소에 안전장치를 갖추는 데에는 많은 돈이 든다. (　　)

3. 화력발전과 원자력발전의 차이점은 무엇입니까?

Ⅲ. 원자력 발전소에 대한 생각을 이야기해 봅시다.

1. 여러분은 원자력 발전소가 안전하다고 생각합니까?

2. 원자력 발전소의 문제점과 해결방안을 쓰십시오.

문제점	해결방안

3. 원자력 발전소 건설에 대해 토론해 보십시오.

Ⅳ. 이야기를 듣고 질문에 답해 봅시다. MP3 CD:13

1. 남자와 여자의 생각으로 맞는 것을 연결하십시오.

1) 남자 • • 원자력 에너지에 대해 부정적이다.

2) 여자 • • 원자력 에너지에 대해 긍정적이다.

2. 들은 내용과 다른 것을 고르십시오. ( )

① 한국은 석유, 휘발유, 가스 등을 수입에 의존한다.
② 원자력 발전소를 움직이는 데에는 비용이 많이 들지 않는다.
③ 원자력 발전소는 지진 등의 외부 충격에 약하다.
④ 원자력 발전소는 주로 바다 근처에 건설한다.

3. 환경오염에 대한 두 사람의 생각은 어떻게 다릅니까?

제14과 사랑 고백은 놀이기구 안에서

학습 목표

뇌의 착각에 대한 이야기를 듣고 이해할 수 있다.

과제 및 활동

뇌의 착각에 대한 실험을 하고 자신의 경험 이야기하기.

▶ 언제 이성이 멋있거나 아름다워 보입니까?

▶ 특별한 환경이나 분위기에서 사랑 고백을 하거나 받아본 적이 있습니까?

▶ 사랑 고백을 효과적으로 잘 하려면 어떻게 해야 할까요?

새 어휘

착각
상대
박동
인사과
대상
불쾌하다
존재하다
현명하다
의존하다
쾌적하다

Ⅰ. 어휘를 공부해 봅시다.

1. (　　　)에 알맞은 어휘를 쓰십시오.

착각	상대	박동	인사과	대상

1) 회사 지원 방법에 대해 궁금한 것이 있으면 해당 회사의 (　　　　　　)에 물어 보는 것이 좋다.
2) 대화를 할 때는 (　　　　　　)의 눈을 쳐다보면서 이야기하는 게 예의에 맞다.
3) 내가 발표할 차례가 다가오자 심장의 (　　　　　　)이/가 점점 빨라졌다.
4) 보통 사람들은 다른 사람들이 자신에게 관심을 많이 가지고 있다는 (　　　　　　) 속에 빠져 산다고 한다.
5) 남녀 대학생 100명을 (　　　　　　)으로/로 공부 방법과 시간에 대해 설문조사를 실시했다.

2. (　　　)에 알맞은 어휘를 쓰십시오.

불쾌하다	존재하다	현명하다	의존하다	쾌적하다

1) 계란을 한 바구니에 담지 않는 것, 즉 분산 투자가 가장 (　　　　　　)는/은/ㄴ 투자 방식이다.
2) 영원한 사랑이 (　　　　　　)는다고/ㄴ다고/다고 하니까 친구는 나를 순진한 이상주의자라고 비웃었다.
3) 처음 본 사람이 나이, 결혼 여부 등 사생활에 대해 물어 봐서 (　　　　　　)었다/았다/였다.
4) 디지털 치매란 디지털 기기에 지나치게 (　　　　　　)어서/아서/여서 디지털 기기가 없으면 간단한 기억이나 계산도 잘 못 하게 되는 것을 말한다.

5) 한국의 가을은 봄처럼 황사도 없고, 여름처럼 습기도 많지 않고, 겨울처럼 춥지도 않아 가장 (　　　　　　)는/은/ㄴ 계절이라고 할 수 있다.

3. **뇌와 관련된 어휘입니다. 맞는 것을 골라 ________ 에 쓰십시오.**

좌뇌	우뇌	인지능력	신경세포	뇌과학

1) ______________ 지각, 문제해결, 기억, 사고, 언어능력, 운동제어 등의 지적인 능력.
2) ______________ 수학, 언어, 논리 등 지능적인 면과 관련된 기능을 하는 뇌의 왼쪽 부분.
3) ______________ 뇌의 신비를 밝혀내서 인간의 물리적, 정신적 기능을 깊이 있게 연구하는 학문.
4) ______________ 공간지각, 예술, 창조 등 감각적이고 감성적인 면과 관련된 기능을 하는 뇌의 오른쪽 부분.
5) ______________ 자극에 반응하여 그에 따른 흥분을 전달하는 작용을 하는 신경계의 기본 단위.

II. 이야기를 듣고 질문에 답해 봅시다. MP3 CD:14-1~5

1. **듣고 무엇에 대한 이야기인지 말해 보십시오.**

2. **이야기를 부분별로 듣고 질문에 대한 답을 쓰십시오.**

1) 사랑 고백을 하고 싶으면 무엇을 하라고 합니까?

____

2) 어떤 실험입니까?

대상 : ______________________________________

실험 방법 : ________________을/를 마시게 한 후 ____________________게 했다.

3) 뇌의 느린 시스템과 빠른 시스템은 각각 어떤 경우에 사용됩니까?

느린 시스템 : ____________________

빠른 시스템 : ____________________

3. 다시 듣고 들은 내용과 같으면 O표, 다르면 X표 하십시오.

1) 심장 박동이 빨라진 것은 사랑고백을 한 사람 때문이다. (   )
2) 실험에서 따뜻한 음료를 마신 인사과 직원이 지원자들을 더 많이 합격시켰다. (   )
3) 인간의 뇌가 가장 쉽게 관찰할 수 있는 것은 자신의 몸 상태이다. (   )

III. 뇌의 착각에 대한 실험을 하고 경험을 이야기해 봅시다.

1. 다음 글을 읽어 보십시오.

* 뇌는 가짜 웃음과 진짜 웃음을 구분 못 한다?

웃으면 우리 뇌에서 '엔도르핀'이라고 하는 물질이 나온다. 엔도르핀은 통증, 불안 등을 줄여주고 즐거움, 진통 효과를 느끼게 하며, 면역력까지 높여주는 물질이다. 그런데 뇌는 정말 신나서 웃는 웃음과 억지로 웃는 웃음의 차이를 잘 구분하지 못한다고 한다. 억지로라도 웃으면 뇌 속에서 '내 주인이 정말 신나서 웃는다'고 착각을 하여 엔도르핀을 분비한다는 것이다. 이러한 원리를 병을 치료하는 데에 이용한 것이 웃음치료이다.

* 웃는 여자는 다 예쁘다?

사람에게는 '거울신경세포'라는 것이 있다. 거울신경세포는 타인의 행동을 보거나 듣고만 있어도 자신이 직접 경험하는 것과 같은 반응을 하는 신경세포이다. 다른 사람의 행동을 따라하는 '모방'은 거울신경세포의 작동으로 인한 것이다. 지하철 안에서 한 여자가 남자를 향해 웃는다. 남자는 거울신경세포의 작동으로 무의식적으로 따라 웃는다. 이때 남자의 뇌는 남자의 정서 반응, 즉 여자를 향해 웃은 것에 대해 논리적으로 빨리 해석하지 않으면 불안해진다. 그런데 남자가 웃은 것은 상대방 여자가 아름답고 매력이 있었기 때문이라는 해석만이 논리에 맞는다. 따라서 남자는 여자가 아름답다고 착각하게 되는 것이다.

2. 위의 내용과 비슷한 경험을 한 적이 있습니까?

3. 위의 내용대로 실험을 해 보고 일주일 후에 결과를 이야기해 보십시오.

Ⅳ. 글을 읽고 질문에 답해 봅시다.

운동을 하면 몸의 건강에 좋고 정신적인 스트레스도 줄이는 효과가 있다는 것은 누구나 알고 있는 상식이다. 그러나 운동이 두뇌에도 긍정적인 영향을 미친다는 사실이 밝혀졌다.

캐나다 심장협회 연구팀이 평균 49세 남성을 대상으로 운동과 사고력·인지능력의 상관관계를 연구한 결과 운동이 신체의 긍정적 변화는 물론 사고 능력의 개선을 이끌었다고 한다. 특히 운동량이 많고 체중 감소치가 크면 클수록 사고력 향상치가 더 커졌다고 한다. 운동을 하다 보면 두뇌에 흘러들어 가는 혈류의 흐름이 향상되는데, 몸이 건강해질수록 혈류 흐름도 좋아져 두뇌 활동을 향상시킨다는 것이다.

운동이 학습 능력을 향상시킨다는 연구도 있다. 미국 하버드대 의대 연구팀도 운동과 두뇌의 관계를 밝히기 위한 실험을 했다. 한 고등학교에서 수업 전에 전교생이 1.6km를 달리게 하고 1, 2교시에는 가장 어렵고 머리를 많이 써야 하는 수업을 듣게 했다. 이렇게 한 학기동안 달리기를 한 학생들은 학기 초에 비해 학기 말의 읽기와 문장 이해력이 17% 증가했고, 달리기를 하지 않은 학생들보다 성적이 두 배가량 높아졌다고 한다.

운동이 학습 능력을 향상시키는 이유는 무엇일까? 유산소 운동을 통해 심장박동수가 증가하면 뇌세포의 성장을 돕는 신경세포 성장인자의 혈중 수치가 증가한다. 신경세포 성장인자는 심장박동수가 높아진 상태의 심장과 근육에서 분비되는 물질로서 뇌세포의 성장을 촉진하고 세포가 소멸하는 것을 방지하는 역할을 한다. 그러나 운동이 학습 능력 향상으로 이어지려면 중요한 조건이 있다. 운동 직후 뇌세포는 해야 할 일이 없으면 바로 죽기 때문에 운동 후에 꼭 뇌를 사용해야 한다는 것이다. 고등학교 실험에서 운동 후에 어려운 과목을 배치한 이유가 여기에 있다.

1. 중심 내용은 무엇입니까? (　　　　)

① 운동은 신체 건강에 큰 영향을 미친다.
② 운동은 정신 건강에 긍정적 영향을 미친다.
③ 운동은 두뇌 활동에 긍정적 영향을 미친다.
④ 운동은 혈류의 흐름을 개선시키는 역할을 한다.

2. 글의 내용과 같으면 O표, 다르면 X표 하십시오.

1) 운동량이 많건 적건 사고 능력이 향상된 정도는 비슷했다. (　　　　)
2) 운동을 하면 뇌세포의 성장을 돕는 혈중 물질이 많아진다. (　　　　)
3) 달리기 후에 어려운 수업을 배치하는 것은 바람직하지 않다. (　　　　)

3. 운동을 통해 신체, 정신, 두뇌가 개선되었다고 느낀 적이 있습니까?

제15과 유전자조작농산물, 정말 안전할까

학습 목표
유전자조작농산물에 대한 글을 읽고 이해할 수 있다.

과제 및 활동
유전자조작농산물 개발에 대해 자신의 입장 쓰기.

▶ 알고 있는 유전자조작농산물을 이야기해 봅시다.
▶ 여러분 나라에서도 유전자조작농산물이 판매되고 있습니까?
▶ 여러분 나라에서는 유전자조작농산물 의무표시제를 실시하고 있습니까?

새 어휘

종
유전자
조작
가공하다
수확
해가 되다
변형
병충해
유발하다
해충
이롭다
전이되다
애벌레
생태계
파괴되다
팽팽히
맞서다

세포 속 DNA의 구조가 밝혀지고 이후 DNA를 자르는 것이 가능해지면서 한 종으로부터 유전자를 얻은 후에 이를 다른 종에 집어넣어 유전자를 조작하는 것이 가능해졌다. 이와 같은 방식으로 새롭게 만들어진 벼나 감자, 옥수수, 콩 등이 유전자조작농산물(GMO[2])이다. 그리고 이 농산물을 가공하면 유전자조작식품이라고 한다.

옥수수를 예로 들어보면 옥수수를 먹고사는 벌레 때문에 옥수수의 수확량이 감소할 경우, 이를 해결하는 방법으로 옥수수 자체에서 벌레에게 해가 되는 물질을 생산하도록 옥수수의 유전자를 변형시켜 준다. 이로 인해 옥수수에서는 벌레가 먹으면 그 벌레가 죽는 물질이 생산되어 병충해를 막을 수 있다. 이렇듯 유전자조작농산물은 병충해를 막을 수도 있고 좀 더 추위에 강하거나 더위에 강한 식물로 변형시킬 수도 있다. 따라서 농산물의 생산성 증가와 경제적인 측면에서 많은 도움이 된다.

하지만 유전자조작농산물에 대한 안전성 문제는 아직까지 많은 논란을 일으키고 있다. 유전자조작농산물을 먹었을 때 현재 별 문제가 없다고 해서 안전하다고 판단하기는 이르다는 것이다. 10년, 20년 후에 몸에서 어떻게 무슨 병을 유발할지는 아무도 모르기 때문에 언제 터질지 모르는 위험성을 지닌 식품이라고 평가하는 과학자도 있다.

옥수수유전자를 변형시켜서 옥수수 해충을 없애는 것은 이로운 일이지만 이 옥수수유전자가 다른 식물에게 전이될 수도 있다. 옥수수 근처에 사는 식물이 옥수수의 유전자를 받아들이게 되고 이 식물에 사는 나비의 애벌레가 이 식물을 먹고 죽는 경우가 생길 수 있다. 즉, 해충을 잡으려고 변형한 유전자로 인해 다른 생태계까지 파괴되는 상황이 발생할 수도 있는 것이다.

이에 대해 학자들, 소비자 단체, 환경부, 관련기업, 선진국, 개발도상국들은 서로서로 입장을 달리한 채 팽팽히 맞서고 있다.

2) GMO [Genetically Modified Organism] : 일반적으로 생산량 증대 또는 유통 · 가공상의 편의를 위하여 유전 공학기술을 이용해서 새롭게 개발된 농산물.

Ⅰ. 어휘를 공부해 봅시다.

1. (　　　)에 알맞은 어휘를 골라 쓰십시오.

종	수확	병충해	해충	전이되다	맞서다

1) 겨울에는 밭에 불을 질러 (　　　　　　)을/를 예방한다.
2) 폐의 암세포가 이미 뇌까지 (　　　　　　)었다고/았다고/였다고 의사는 말했다.
3) 작년에는 태풍 때문에 쌀 (　　　　　　)이/가 평년의 절반밖에 되지 않았다.
4) 노동자 측과 회사 측의 의견이 팽팽히 (　　　　　　)어서/아서/여서 결국 협상이 깨져버렸다.
5) 농산물 수입 개방 이후 과일이나 채소에 따라 들어오는 (　　　　　　)이/가 엄청나게 많아 큰 문제가 되고 있다.
6) 찰스 다윈의 책 '(　　　　　　)의 기원'에서 가장 유명한 부분은 '이 지구상에 살아남은 (　　　　　　)은/는 가장 우수하거나 지적인 (　　　　　　)이/가 아니라 변화에 가장 잘 적응한 (　　　　　　)이다/다' 이다.

2. ________에 알맞은 어휘를 쓰십시오.

유발하다	파괴되다	가공하다	생태계	변형	유전자

세계적인 식품회사 'Happy Food'사는 콩의 필수아미노산 성분을 증가시키기 위해 브라질 땅콩의 1)________________을/를 콩에 집어넣어 2)________________시킨 아미노산강화콩을 개발했으나 알레르기를 3)________________을/ㄹ 가능성이 있어 판매가 중단되었다. 그러나 이 콩을 4)________________어/아/여 만든 두부가 벌써 시중에 판매되고 있는 상황이어서 회사로서는 큰 타격이 아닐 수 없다. 게다가 이 회사가 잡초를 죽이는 농약에 영향을 받지 않도록 개발한 옥수수도 문제가 되고 있다. 옥수수를 키우는 지역 인근에 옥수수의 유전자가 전이되어 농약을 뿌려도 죽지 않는 슈퍼잡초가 생겨난 것이다. 이 슈퍼잡초는 벼와 감자 등이 정상적으로 자라는 것을 방해해 근처 5)________________이/가 6)________________고 있어 농민들의 항의를 받고 있다.

3. 유전자조작농산물과 관련된 어휘입니다. 설명에 맞는 어휘를 (   )에 쓰십시오.

농약	식량난	특허	독점	지배	재배

1) (   ) : 식물을 심어 가꿈.
   화초를 __________하다, 농작물을 __________하다
2) (   ) : 생존을 위한 먹을거리가 모자라서 생기는 어려움.
   __________을/를 겪다, __________이/가 심각하다
3) (   ) : 농작물에 해로운 벌레, 병균, 잡초 따위를 없애거나 농작물이 잘 자라게 하는 약품. __________을/를 뿌리다, __________을/를 치다
4) (   ) : 어떤 사람이나 집단, 조직, 사물 등을 자기의 의사대로 따르게 하여 다스림.
   __________을/를 하다, __________을/를 받다
5) (   ) : 특정인이나 특정기관에 대하여 새로운 일정한 권리나 능력을 주거나 특별히 허가함. __________을/를 따다, __________권
6) (   ) : 개인이나 하나의 단체가 경쟁자 없이 생산과 시장을 지배하여 이익을 혼자 차지함. 시장을 __________하다, 사랑을 __________하다

II. 글을 읽고 질문에 답해 봅시다.

1. 글에서 언급하지 않은 것은 무엇입니까? (   )

① 유전자조작농산물의 정의
② 유전자조작농산물의 장점
③ 유전자조작농산물의 단점
④ 유전자조작농산물 관련 단체들의 입장

2. 글의 내용과 같으면 O표, 다르면 X표 하십시오.

1) DNA의 구조가 밝혀지고 DNA를 분리할 수 있게 되었기 때문에 유전자조작농산물이 탄생할 수 있었다. (   )

2) 옥수수를 먹고사는 벌레의 유전자를, 옥수수를 먹자마자 죽도록 변형시킴으로써 옥수수의 수확량을 늘릴 수 있다. ( )

3) 유전자가 변형된 옥수수의 근처에 사는 나비의 애벌레가 옥수수를 먹지 않아도 죽을 수 있다. ( )

4) 모든 국가들이 유전자조작농산물에 대해 한 목소리를 내고 있다. ( )

3. 유전자조작농산물을 언제 터질지 모르는 위험성을 지닌 식품이라고 평가하는 이유는 무엇입니까?

Ⅲ. 유전자조작농산물에 대해 이야기해 봅시다.

1. 여러분은 유전자조작농산물이 안전하다고 생각하십니까?

2. 다음을 읽고 유전자조작농산물의 '장점'인지 '단점'인지 ✓표 하십시오.

유전자조작농산물	장점	단점
① 환경 재해를 극복할 수 있다.		
② 농약을 덜 사용해서 친환경 작물이 될 수 있다.		
③ 종과 종간의 벽을 허물어 생태계가 파괴된다.		
④ 유전자조작의 대상이 아니었던 생물에게 해를 끼칠 수 있다.		
⑤ 높은 생산성으로 식량난을 해결할 수 있다.		
⑥ 특정 국가나 기업의 식량 독점 지배 가능성이 있다.		
⑦ 값싼 식용 백신을 대량으로 생산할 수 있다.		
⑧ 필요한 영양소들을 원하는 만큼 증가시킬 수 있다.		
⑨ 유전자의 전이로 예상하지 못한 결과가 발생할 수 있다.		
⑩ 독성이나 알레르기 반응이 나타날 가능성이 높다.		

3. 2번에서 ✓표한 내용을 바탕으로 유전자조작농산물 개발에 대한 자신의 입장을 정리해 써 보십시오.

Ⅳ. 이야기를 듣고 질문에 답해 봅시다. MP3 CD:15

1. 알맞게 연결하십시오.

1) 남자토론자 •   • 유전자조작농산물에 대해 긍정적이다.

2) 여자토론자 •   • 유전자조작농산물에 대해 부정적이다.

2. 들은 내용과 같으면 O표, 다르면 X표 하십시오.

1) 여자는 식량부족 문제가 미래뿐만 아니라 현재에도 심각한 문제라고 생각한다. (　　　)
2) 남자는 유전자조작식품 속의 유전자가 이를 섭취한 동물과 사람에게 옮겨져 문제를 일으킬 수도 있다고 주장한다. (　　　)
3) 남자와 여자는 유전자조작식품 의무표시제를 실시한다면 유전자조작식품의 안전성 문제가 해결될 수 있다는 점에서 의견을 같이 한다. (　　　)

4) 여자는 유전자조작농산물 관련 특허 기술을 가진 회사가 가난한 나라에 영향력을 행사하고 있는 것에 대해서 부정적이다. (   )

3. 우리가 안심하고 유전자조작농산물이나 유전자조작식품을 이용하기 위해서 국가와 사회, 그리고 개인이 해야 할 일은 무엇일까요?

memo

제16과 한국 교육, 세계적으로 인정받아

학습 목표
한국의 교육에 대한 글을 읽고 이해할 수 있다.

과제 및 활동
한국의 교육열에 대해 토론하기.

▶ 여러분 나라는 교육열이 높은 편입니까?
▶ 여러분 나라에는 성적을 올리기 위해 다니는 학원이 있습니까?
▶ 여러분 나라에서는 대학교에 진학하는 것이 중요합니까?

새 어휘

과도하다
사교육
열풍
경쟁력
순위
매기다
상위권
진학률
가치
부여하다
강국
뒤지다

한국의 교육 시스템이 세계 주요국을 대상으로 한 교육 평가에서 2위를 차지했다. 과도한 사교육 열풍이 사회적으로 많은 논란을 불러일으킴에도 불구하고 한국의 교육 경쟁력이 세계적으로 인정을 받은 것이다. 1위는 '교육 강국' 핀란드였다.

영국의 교육 전문 기업인 피어슨 그룹은 40개국의 교육 시스템 경쟁력을 평가해 1위부터 20위까지의 순위를 매겼다. 평가 결과에 따르면 한국은 종합평점 1.23점을 받아 1.26점의 핀란드에 이어 2위를 기록했다. 홍콩, 일본, 싱가포르가 3~5위를 차지해 아시아 국가들의 강세가 두드러진 가운데 영국, 네덜란드, 뉴질랜드, 스위스, 캐나다가 6~10위로 상위권을 차지했다. 피어슨은 OECD 국제학력시험 결과와 대학 진학률, 졸업률 등을 종합적으로 평가에 반영했다고 밝혔다.

피어슨은 아시아 국가들이 상위권을 차지한 것에 대해 교육에 높은 가치를 부여하는 사회적 분위기, 그리고 자녀들의 교육에 대한 학부모의 높은 기대와 지원 때문인 것으로 분석했다. 또한 핀란드와 한국을 '두 교육 강국(two education superpowers)'이라며 양국의 공통점을 분석했다. 보고서에 따르면 핀란드와 한국은 교육 환경과 시스템에서 차이가 많지만 교육이 중요하다고 믿는 사회적 분위기와 높은 교육열을 공통점으로 가지고 있다고 한다.

보고서에서는 또 교사들의 수준이 높고 교사들이 사회적으로 높은 평가를 받는 것도 교육 경쟁력에 긍정적인 영향을 미친다고 평가했다. 피어슨 그룹의 교육담당고문은 "교육에 성공한 국가들은 기본적으로 '좋은 교육 문화'가 형성되어 있고, 교사의 지위를 높게 평가한다는 특징이 있다"고 설명했다.

한편 교육기관 수준에서는 핀란드와 한국이 싱가포르나 영국, 미국 등에 비해 뒤지는 것으로 나타났다.

Ⅰ. 어휘를 공부해 봅시다.

1. ________에 알맞은 어휘를 쓰십시오.

사교육	열풍	경쟁력	순위	상위권

한국에서 고등학생 자녀를 둔 학부모들의 소원 중 제1 1)______________은/는 자녀들이 국내의 2)______________ 대학에 입학하는 것이다. 이런 이유로 학부모들은 자녀들의 3)______________에 많은 투자를 한다. 학원들은 학원들대로 입시 4)______________을/를 키우기 위해 피나는 노력을 한다. 이러한 사교육 5)______________으로/로 인해 국가적으로 지나친 비용이 발생하고 사회적으로 많은 부작용이 생기는 것이 사실이지만 한편으로는 이러한 교육열 덕분에 한국이 세계적인 교육 강국으로 인식되기도 한다.

2. (　　　)에 알맞은 어휘를 쓰십시오.

과도하다	매기다	부여하다	뒤지다

1) 지나치다, 심하다. (　　　　　　　　)
   - 경쟁이 _____　　　　• 요구가 _____
2) 값이나 등수를 정하다. (　　　　　　　　)
   - 점수를 _____　　　　• 순위를 _____
3) 능력, 수준 등이 남보다 뒤떨어지다. (　　　　　　　　)
   - 문화 수준이 _____　　　　• 실력이 _____
4) 사람에게 권리를 주거나 사물에 가치를 주다. (　　　　　　　　)
   - 의미를 _____　　　　• 선거권을 _____

3. 한국의 교육열과 관련된 어휘입니다. ________에 알맞은 어휘를 쓰십시오.

과외	명문대	입시경쟁	학군	학원	합격률

한국의 교육열은 학업에서 그리고 나아가 사회에서 자녀를 성공시키려는 부모들의 바람에서 비롯된다. 학부모들은 대학 중에서도 1)____________에 자녀를 보내기 위해 너나 할 것 없이 많은 투자를 한다. 그래서 한국에서는 2)____________이/가 뜨거워질 수밖에 없다. 학교 수업이 끝나면 강사가 다수의 학생을 대상으로 학습을 보충하거나 강화시켜 주는 3)____________에 보내기도 하고 한 명의 선생이 한 명 또는 소수의 학생을 가르치는 4)____________을/를 받게 하기도 한다. 서울에는 유명 대학교의 5)____________이/가 높은 고등학교가 몰려 있는 곳이 있는데, 그런 6)____________으로/로 집을 옮기기도 한다.

II. 글을 읽고 질문에 답해 봅시다.

1. 글의 제목으로 가장 적당한 것은 무엇입니까? (　　　)

① 아시아 국가의 교육 체계
② 한국의 교육 시스템 세계 2위
③ 핀란드, 교육 강국 1위의 비밀은?
④ 한국의 사교육 열풍 어디까지 가나?

2. 글의 내용과 같으면 O표, 다르면 X표 하십시오.

1) 한국의 사교육 시스템이 세계적으로 인정을 받았다. (　　　)
2) 피어슨은 각국의 국제학력시험 결과만을 평가에 반영했다. (　　　)
3) 한국과 핀란드는 교육 환경과 시스템 면에서 많이 달랐다. (　　　)
4) 교육을 중시하는 문화와 교육열이 교육 시스템 경쟁력에 영향을 미친다. (　　　)

3. 교육 강국의 교사들은 어떤 공통점이 있습니까?

Ⅲ. 한국의 교육열에 대해 이야기해 봅시다.

1. 한국의 교육열이 높다고 느낀 적이 있습니까?

2. 다음은 한국의 높은 교육열의 긍정적인 면입니까? 부정적인 면입니까? √표 하십시오.

	긍정적	부정적
① 고등 교육을 받은 국민이 많다.		
② 자녀를 위한 사교육비가 부모에게 부담이 된다.		
③ 외국에 유학을 가도 경쟁에서 뒤지지 않는다.		
④ 학생들이 운동을 하거나 취미 생활을 할 여유가 없다.		
⑤ 전쟁 후 단기간 내에 한국의 경제가 발전하는 데에 도움을 주었다.		
⑥ 좋은 대학에 입학하기를 원하는 주위의 기대가 학생에게 심리적 부담을 준다.		

3. 한국의 교육열이 사회적, 국가적으로 긍정적인 영향을 많이 미친다고 생각합니까? 부정적인 영향을 많이 미친다고 생각합니까? 토론해 보십시오.

Ⅳ. 이야기를 듣고 질문에 답해 봅시다. MP3 CD:16

1. 무엇에 대한 이야기입니까? (　　　　)

① 한국의 교육열
② 공교육과 사교육
③ 한국의 대학입시제도
④ 세계 각국의 교육시스템

2. 여자의 의견으로 맞지 않는 것을 고르십시오 ( )

① 한국의 교육열은 심각한 사회문제를 낳고 있다.
② 한국에서는 우수한 인재를 기르는 것이 중요하다.
③ 과도한 입시경쟁이 초등학교에까지 영향을 미치고 있다.
④ 한국의 과도한 교육열은 한국의 정치, 경제와 관계가 없다.

3. 한국의 교육이 국외에서 인정받은 사례 두 가지는 무엇입니까?

제17과 이공계가 살아야 나라가 산다

학습 목표

이공계 기피현상에 대한 이야기를 듣고 이해할 수 있다.

과제 및 활동

이공계 기피현상의 해결책에 대해 말하기.

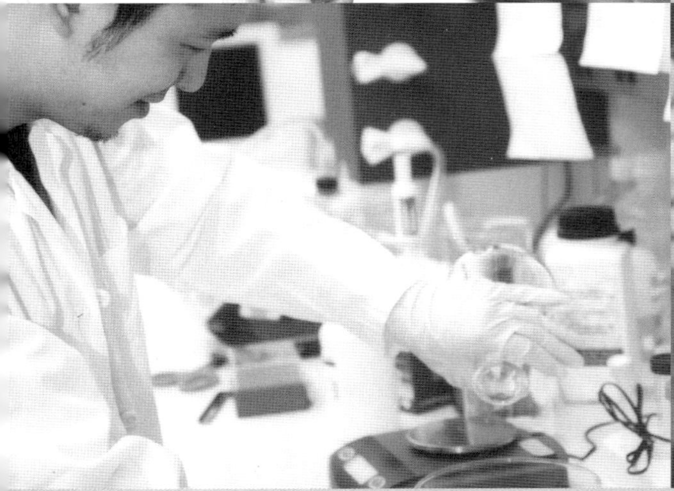

- ▶ 여러분 나라에서 인기 있는 직업은 무엇입니까?
- ▶ 이공계 관련 직업들에는 어떤 것이 있는지 이야기해 봅시다.
- ▶ 여러분 나라의 청소년들은 이공계를 기피합니까? 선호합니까?

새 어휘

자퇴
물리학과
수석
이공계
처우
열악하다
공직
고위직
착잡하다
기피하다
위상
문과
이과
진로
초승달
월식

I. 어휘를 공부해 봅시다.

1. ( )에 알맞은 어휘를 쓰십시오.

처우	열악하다	착잡하다	기피하다	위상

1) 아이들은 책상도 없는 ( )는/은/ㄴ 교육 환경 속에서도 열심히 공부했다.
2) 불경기로 다들 투자를 ( )고 있는데 우리 회사는 오히려 투자를 늘리고 있다.
3) 노동자들이 ( ) 개선을 요구하며 파업을 하는 바람에 공장 가동이 중단되었다.
4) 어린 아내와 갓 태어난 아들을 두고 입대해야 한다고 생각하니 마음이 ( )는다/ㄴ다/다.
5) 여성의 활발한 사회 진출로 가정에서 여성의 ( )이/가 높아지면서 성공한 아내를 위해 가사와 육아를 대신 책임지는 남편이 증가하고 있다.

2. ________에 알맞은 어휘를 쓰십시오.

자퇴	수석	이공계	문과	이과	진로

1학년 1학기 기말고사가 끝난 후, 우리 반 분위기가 전과 달리 많이 진지해졌다. 입학시험에서 전 과목 100점을 받고 1)____________ 으로/로 들어온 승기가 홈스쿨링으로 공부하겠다며 어제 학교를 2) ____________했고, 우리는 2학년이 되면 무슨 과로 가야 할지 다음 주까지 3)____________을/를 결정해야 하기 때문이다. 나는 수학자가 되고 싶기도 하고 그림 그리기도 좋아하고 인간의 심리도 연구하고 싶고 사회문제에도 관심이 많다. 그래서 과학이나 수학을 집중적으로 공부하는 4)____________으로/로 가야 할지, 언어와 사회 과목을 중심으로

공부하는 5)____________으로/로 가야 할지 고민이다. 내 친구 윤수도 자연과학 이론과 현상을 연구하거나 공학을 전공할 수 있는 6)____________대학에 진학하고 싶어하는데 부모님께서 의대나 약대에 가길 바라셔서 고민이 많다.

3. 이공계 기피현상과 관련된 어휘입니다. ______에 알맞은 어휘를 쓰십시오.

이과대학	공과대학	병역특례제도	국가경쟁력

1) ____________________ : 수학과, 물리학과, 천문우주학과 등 자연 과학 부문을 전공하는 단과 대학.

2) ____________________ : 복잡한 세계 경제 환경에서 국민의 생활수준을 향상시킬 수 있는 국가의 능력.

3) ____________________ : 컴퓨터공학과, 기계공학과, 전기전자공학과 등 공업 생산에 필요한 과학 기술을 전공하는 단과 대학.

4) ____________________ : 정부지정 연구기관이나 기업에서 연구원 등으로 일정 기간 일하게 함으로써 병역의 의무를 대신하게 하는 제도.

II. 이야기를 듣고 질문에 답해 봅시다. MP3 CD:17-1~6

신윤복 〈월하정인도〉

1. 듣고 무엇에 대한 이야기인지 말해 보십시오.

2. 이야기를 부분별로 듣고 질문에 대한 답을 쓰십시오.

1) 여자의 전공은 무엇이며 지금 무엇을 하러 가는 길입니까?

____

2) 이공계 출신들의 현실은 어떻습니까?

____

3) 고등학교 교육제도 중 이공계를 기피하게 만드는 원인은 무엇입니까?

____

4) 여자의 생각에, 과학에 흥미를 갖게 하는 수업은 어떤 수업입니까?

____

3. 다시 한 번 듣고 들은 내용과 같으면 O표, 다르면 X표 하십시오.

1) 여자는 학교를 그만두고 의대에 지원할 계획이다. ( )
2) 남자는 여자의 결정을 응원하고 있다. ( )
3) 여자와 남자 모두 문과, 이과 분리교육에 반대한다. ( )
4) 남자는 여자에게 학교를 그만두면 학생들을 가르치는 일을 해보라고 권한다. ( )

Ⅲ. 이공계 기피현상에 대해 이야기해 봅시다.

1. 이공계 기피현상이 계속된다면 어떤 일이 생길까요?

2. 이공계 기피현상을 해결하기 위해서 어떤 대책을 마련해야 합니까? 국가와 기업, 학교, 언론매체가 노력해야 할 일은 무엇인지 써 보십시오.

국가	
기업	
학교	
언론매체	

3. 2번에서 정리한 내용을 바탕으로 이공계 기피현상을 없애려면 어떻게 해야 할지 토론해 보십시오.

Ⅳ. 글을 읽고 질문에 답해 봅시다.

최근 3년간 국공립대학교를 자퇴한 이공계 학생은 전체 자퇴생의 65%에 이른다. 거기에 이공계가 아닌 계열로 과를 바꾼 학생까지 더하면 그 수는 상당하다. 이것은 이공계 기피현상을 잘 보여주는 사례이다. 여기서 이공계 기피현상이란 우수한 이공계 인재들이 의대, 치대, 약대, 한의대 등으로 빠져나가고 청소년들이 이과대학이나 공과대학 진학을 꺼리는 것을 말한다.

요즘 사람들은 소득이 많은 직업을 선호하고 사회적 위상을 중요시한다. 그 두 가지 조건을 모두 만족시키는 것이 의과계열 직업이다. 거기에 미래에 대한 확실한 보장까지 있으니 많은 이공계 학생들이 의대를 선택할 수밖에 없는 것이다.

우리나라의 반도체, 자동차 등 핵심 산업들은 모두 이공계에 대한 투자 없이는 성공하기 어려운 산업이기 때문에 이공계 기피현상이 심해진다면 과학기술 인력 부족으로 국가경쟁력에 치명적인 영향을 끼치게 될 것이다.

이공계를 기피하면서 국가 발전을 이야기할 수는 없다. 의과 계열로 집중되는 관심을 이공계로 집중시켜 우리나라 과학기술 발전에 힘을 보태야 한다. 그러므로 지금 우리가 해야 할 일은 이공계를 매력적인 곳으로 만드는 것이다.

국가는 이공계 학생들을 대상으로 한 국가장학금제도, 연구원들을 위한 연구비지원제도, 병역특례제도 등을 확대하고 기업은 보수나 정년 등 과학 기술인의 처우를 개선하는 데 앞장서야 한다. 학교에서는 우수 과학교사를 뽑아서 과학 활동을 적극적으로 장려하고, 전망이 밝고 사회적 위상도 높은 이공계열 직업에 대한 홍보도 지속적으로 해야 한다. 언론매체에서는 과학 기술 관련 프로그램을 자주 보도하여 과학이 가깝고 친숙하게 느껴지도록 해야 한다. 과학 기술을 모르고는 사회에서 주도적인 역할을 하는 것이 힘들다는 인식이 자리 잡는다면 많은 청소년들이 이공계로 진학하게 될 것이다.

1. 맞는 내용을 연결하십시오.

1) 첫째 문단 •	• 이공계 기피현상의 원인
2) 둘째 문단 •	• 이공계 기피현상의 문제점
3) 셋째 문단 •	• 이공계 기피현상에 대한 대책
4) 넷째, 다섯째 문단 •	• 이공계 기피현상의 의미와 사례

2. 이 글의 내용과 같은 것을 고르십시오. (　　　　)

① 이공계가 아닌 다른 과로 전공을 바꾼 학생들까지 포함하면 국공립대학을 자퇴한 학생은 전체 자퇴생의 65%이다.

② 이공계 관련 직업은 소득과 사회적 위상은 낮지만 미래에 대한 전망이 밝은 편이다.

③ 청소년과 대학생들이 이공계가 아닌 의학계열로 몰린다면 국가경쟁력이 약화될 것이다.

④ 이공계에 대한 다양한 지원이 필요하지만 군대 문제에 예외를 두어서는 안 된다.

3. 여러분 나라에서 현재 가장 필요한 과학기술 인력은 어떤 분야의 인력입니까?

제18과 대안학교가 과연 대안인가

학습 목표

대안학교에 대한 이야기를 듣고 이해할 수 있다.

과제 및 활동

자신이 만들고 싶은 대안학교에 대해 말하기.

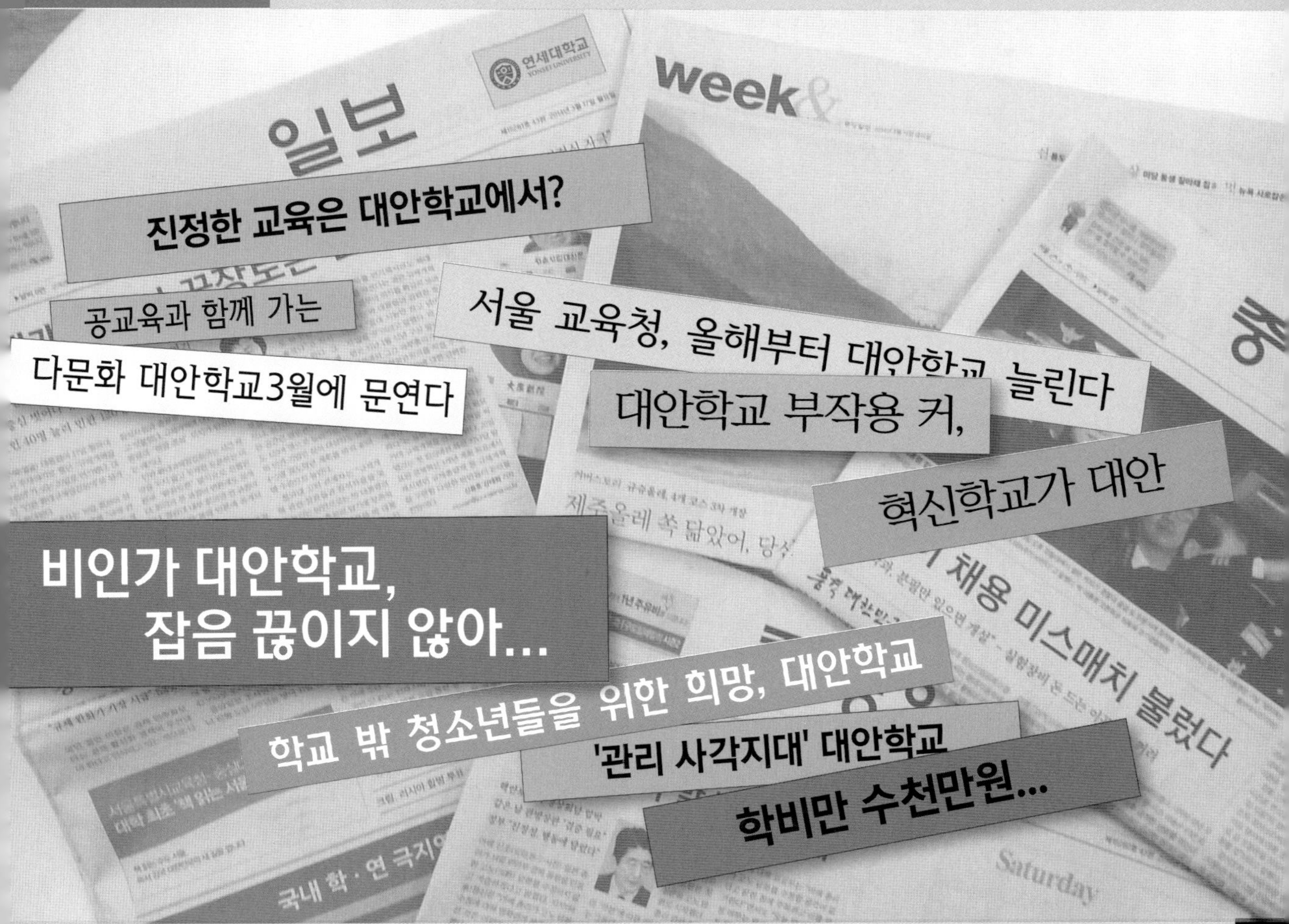

▶ 여러분 나라에서는 공교육에 대한 만족도가 높은 편입니까?

▶ 여러분이 다녔던 학교에서는 학생 개개인의 특성에 맞는 교육이 이루어졌습니까?

▶ 여러분 나라에 일반학교와는 다른 목표로 세운 학교가 있습니까?

새 어휘

적응하다
참되다
온실
말리다
틀에 박히다
인재
소신
강요하다
자율성
생태교육
예체능
공생
조율
설계하다
문턱

Ⅰ. 어휘를 공부해 봅시다.

1. (   )에 알맞은 어휘를 쓰십시오.

생태교육	공생	조율	문턱

1) 은행 (   )이/가 높아지면서 자금 부족으로 어려움을 겪는 중소기업이 늘고 있다.
2) 대형마트들이 전통시장과의 (   )을/를 위해 이번 달부터 한 달에 두 번 쉬기로 했다.
3) 자연에서 보고 듣고 느끼며 배우게 하는 (   )은/는 다양한 체험학습 위주로 구성된다.
4) 인기가수 '눈'은 청와대에서 열리는 어린이날 행사의 진행자가 되어 달라는 요청을 받고 현재 일정을 (   ) 중이다.

2. ________에 알맞은 어휘를 쓰십시오.

적응하다	온실	말리다	틀에 박히다	소신	자율성

이제는 한국만큼 편하고 재미있는 곳은 없는 것처럼 느껴질 정도이지만 처음 한국에 왔을 때는 낯선 환경에 1)______________기가 쉽지 않았다. 언어, 음식, 학업, 인간관계 등에 어려움이 많았다. 생각해 보니 '한국에 오기 전의 나'는 2)______________ 속의 꽃이었다. 부모님 덕에 고생 한 번 한 적 없었고 세상의 어려움을 몰랐었다. 그래서 부모님께서도 왜 낯선 곳에 가서 사서 고생하냐며 한국에 가지 말라고 3)______________으셨다/셨다. 4)______________는/은/ㄴ 생활이 싫어서 고향을 떠나왔지만 한국에 유학 온 것은 내 인생에서 가장 잘 한 일인 것 같다. 예전에는 5)______________을/를 가지고 행동하지 못했고 주변사람들의 의견에 많이 좌지우지되었다. 그런데 한국에서는 모든 일을 내 스스로 선택하고 결정해야 하다 보니 자연스럽게 6)______________이/가 길러져서 내 삶을 내 스스로 설계할 수 있게 되었다. 유학생활에서 얻은 가장 큰 수확이다.

3. 대안학교와 관련된 어휘입니다. ________에 알맞은 어휘를 쓰십시오.

특성화학교	비인가학교	혁신학교	교육철학	검정고시	전인교육

1) ________________ : 국가가 허가하지 않아 학력을 인정받을 수 없는 학교.

2) ________________ : 교육에 대한 개인이나 집단이 가진 생각과 믿음을 나타내는 교육관.

3) ________________ : 어떤 자격에 필요한 지식, 학력, 기술 등이 있는지 알아보고 그 자격을 결정하기 위하여 실시하는 시험.

4) ________________ : 지식이나 기능 등의 교육에 치우치지 않고 인간이 지닌 모든 자질을 조화롭게 발달시키는 것을 목적으로 하는 교육.

5) ________________ : 소질과 적성 및 능력이 유사한 학생을 대상으로 특정분야의 인재 양성을 목적으로 하는 학교 또는 자연현장실습이나 체험위주의 교육 등 다양하고 독특한 교육과정을 운영하는 학교.

6) ________________ : 대안학교의 교과과정과 학교 운영 시스템을 벤치마킹한 새로운 공교육 기관.

II. 이야기를 듣고 질문에 답해 봅시다. MP3 CD:18-1~6

1. 듣고 무엇에 대한 이야기인지 말해 보십시오.

2. 이야기를 부분별로 듣고 질문에 대한 답을 쓰십시오.

1) 대안학교로 눈길을 돌리는 학부모들이 많아지고 있는 이유는 무엇입니까?

____

2) 김 회장의 주변사람들은 왜 대안학교에 아이들을 보내지 말라고 말렸습니까?

____

3) 김 회장은 어떤 면에서 대안학교를 만족스러워합니까?

____

4) 대안학교의 문턱을 낮추려면 무엇이 필요합니까?

---

3. 다시 듣고 들은 내용과 같으면 O표, 다르면 X표 하십시오.

1) 김 회장 부부는 대안학교에 대한 믿음이 있었기에 주변사람들과 달리 대안학교에 대해 걱정하지 않았다. (　　　)
2) 대안학교는 틀에 박힌 교육환경 때문에 '온실 속 교육'이라는 비난을 받는다. (　　　)
3) 대안학교는 경쟁보다 공생을 중시한다. (　　　)
4) 대안학교는 학비가 비싸 부자들이 다니는 학교라고 불리기도 한다. (　　　)

III. 대안학교에 대해 이야기해 봅시다.

1. 대안학교가 왜 증가하고 있다고 생각합니까?

2. 여러분이 만들고 싶은 대안학교에 대해 써 보십시오.

학교이름	
설립목적	
교육철학	
운영방법	
교과교육과정	
교사진	

3. 2번에서 정리한 내용을 바탕으로 여러분이 만들고 싶은 대안학교에 대해 발표하십시오.

Ⅳ. 글을 읽고 질문에 답해 봅시다.

북한을 떠나 한국으로 온 탈북청소년을 위한 새로운 개념의 탈북청소년 대안학교가 문을 연다. 다음 달 2일 경기도 고양시에서 첫 수업을 하는 '희망학교'는 탈북청소년을 대상으로 자연 속에서 음악치료, 미술치료 등 다양한 치유 프로그램을 통해 탈북 과정에서 겪었던 육체적, 정서적 상처를 치유하면서 각자의 학습능력에 따라 1대 1 맞춤교육을 한다. 또한 희망학교는 경기도 치과의사협회와 한국심리상담사협회의 지원을 받아 탈북청소년의 부모들을 대상으로 치과치료와 심리상담도 함께 할 계획이다.

이 학교는 비인가학교이므로 상급학교 진학을 위한 검정고시 준비와 함께 국가영어능력평가시험(NEAT)이나 논술, 컴퓨터 교육 등 대학입시 교육도 병행하고 있다. 교육은 전직 교사 등으로 구성된 자원봉사자와 재능기부를 신청한 외부 전문 강사를 초청해 이루어진다. 영어권 국가 출신인 자원봉사 대학생들이 방학동안 함께 생활하는 프로그램과 합창, 축구, 오케스트라, 무용 등 특별활동도 있다. 취업을 원하는 학생은 직업훈련 프로그램을 통해 제과제빵, 바리스타, 미용, 요리 등을 배울 수 있다.

현재 150명의 탈북청소년이 입학 신청을 한 상태이며 이들은 원하는 학생에 한하여 3월부터 지방출신 대학생들과 함께 기숙사에서 생활할 예정이다. 이는 한국 생활의 빠른 적응을 위한 학교 측의 배려이며, 함께 생활하게 될 대학생들은 탈북청소년들의 형제, 자매가 되어 학업을 도와주게 되는데 이들의 기숙사비는 전액 무료이다.

희망학교 박수형 교장은 "탈북 청소년들은 북한에서 제대로 교육받지 못한 채 남한으로 넘어와 학업을 따라가기 힘들고 인간관계의 어려움으로 남한에서의 삶이 결코 쉽지 않다 "며 "탈북청소년들을 대한민국의 성숙한 국민으로 제대로 키워냄으로써 이들 가운데 동독 출신의 독일 총리인 메르켈과 같은 한국의 지도자가 나오고 이들을 통해 동북아시아 평화와 한반도 통일이 이루어지도록 할 것"이라고 말했다.

1. 이 글에서 언급되지 않은 것은 무엇입니까? (　　　　)

① 희망학교의 학비　　　　② 희망학교의 교사진
③ 희망학교의 설립목적　　④ 희망학교의 교과과정

2. 이 글의 내용과 같은 것을 고르십시오. (　　　　)

① 희망학교는 탈북자들의 한국 정착을 돕는 사회봉사단체이다.
② 희망학교 학생들이 학력을 인정받기 위해서는 검정고시를 봐야한다.
③ 희망학교는 상급학교 진학을 하고 싶어하는 학생들 위주로 운영된다.
④ 희망학교 학생들은 지방 출신 대학생들과 함께 전원 기숙사 생활을 한다.

3. 여러분이 희망학교 학생들을 위해 자원봉사를 한다면 어떤 일을 하고 싶습니까?

제19과 국가냐 시장이냐

학습 목표

국가개입주의와 신자유주의에 대한 글을 읽고 이해할 수 있다.

과제 및 활동

정부의 시장 개입에 대해 자신의 의견 쓰기.

- 시장의 역할에 대해 이야기해 봅시다.
- 국가가 해야 하는 일을 이야기해 봅시다.
- 성장과 분배 중에서 무엇이 더 중요하다고 생각합니까?

새 어휘

국방
개입하다
초래하다
공공재
출현하다
효율성
공정하다
사회보장제도
빈부격차
한계
이익단체
유착
관료
부정부패
적재적소
혁신

고전 경제학에서는 시장에 맡겨 두어도 '보이지 않는 손'[3]에 의해서 경제가 잘 돌아갈 것이라고 생각했다. 정부는 국방과 치안 부분만 담당해야 하고, 시장에 개입해서는 안 된다는 입장이다. 그러나 이러한 시장 경제 체제는 시장의 실패를 초래하기 쉽다. 공공재 공급의 부족 현상이 나타나고, 독점 기업이 출현하는 등의 문제가 생길 수 있다. 또한 개인의 이익을 추구하는 행위가 많은 사람에게 피해를 주거나 공공의 이익을 해치는 경우도 있다.

시장 경제는 가만히 두어도 저절로 굴러가는 것이 아니다. 따라서 정부는 시장 경제의 문제점을 보완하기 위하여 개입하지 않을 수 없다. 시장 경제의 효율성이 발휘되기 위해서는 무엇보다도 규칙이 있어야 하는데, 정부는 이 규칙이 공정하게 진행되도록 관리하는 심판의 역할을 해야 한다. 이를 위해서는 불공정 거래를 막고 불법 행위를 규제할 필요가 있다. 또한 사회보장제도를 통해 빈부격차를 줄이거나 공공재를 공급하는 일, 그리고 환경오염을 방지하는 일 등을 담당해야 한다. 결국 정부는 시장에서 공정한 경쟁이 이루어지도록 감독하며 시장 기능의 한계를 보완하는 역할을 담당해야 한다.

강민석 (KMS경제연구소 소장)

정부의 역할과 힘이 커지면 무거운 세금과 이익단체의 압력에 의한 공공 지출의 확대, 대기업과 정부의 유착, 관료 집단의 이기주의와 부정부패 등 여러 가지 문제점이 생길 수 있다. 정부의 시장에 대한 지나친 개입이 오히려 효율성을 떨어뜨리는 결과를 가져오는 것이다. 정부가 개입하여, 할 수 있는 것과 할 수 없는 것을 지시하면 자원이 적재적소에 쓰이지 못하게 된다. 자신들이 생각하기에 가장 이윤이 높은 일을 할 수 없다면 사람들은 투자하고 기술 혁신을 할 동기를 잃는다. 그러므로 '큰 정부'의 역할을 최소한으로 줄여 '작은 정부'로 다시 돌아가야 한다. 사람들이 선택의 자유를 누릴 수 있도록 내버려 둬야 한다.

정인주 (대박투자증권 대표)

3) '보이지 않는 손' [invisible hand] : 영국의 고전파 경제학자인 애덤 스미스(Adam Smith)는 생산자와 소비자들이 자유롭게 경제활동을 하면서 서로 이익을 만들어 내는 시장의 기능을 '보이지 않는 손' 이라고 설명했다.

Ⅰ. 어휘를 공부해 봅시다.

1. (   )에 알맞은 어휘를 쓰십시오.

개입하다	초래하다	출현하다	공정하다

1) 아이들 싸움에 부모가 (   )으면/면 일이 더 커지게 된다.
2) 뉴스 보도는 사실적이고도 (   )으며/며 편견이 없어야 한다.
3) 개인 서비스 요금의 급상승이 물가 상승을 (   )었다/았다/였다.
4) 서울 북쪽 하늘에 미확인비행물체(UFO)가 (   )었다/았다/였다.

2. ________에 알맞은 어휘를 쓰십시오.

공공재	유착	관료	부정부패	혁신

정부 고위 1)______________들이 기업과 2)______________관계를 맺고 특정 기업들이 시장을 독점하도록 한 사실이 밝혀졌다. 또한 그들은 공원, 도로, 교육 등 사람들이 공동으로 이용하는 3)______________을/를 정치권과 이익단체들의 압력으로 적절하게 공급하지 않고 자신들의 이익 챙기기에만 바빠서 많은 비난을 받고 있다. 그래서 국민들은 이번에 선출된 차기 대통령이 4)______________으로/로 가득한 공무원 사회를 그 뿌리부터 5)______________해 주기를 간절히 바라고 있다.

3. 국가의 시장개입과 관련된 어휘입니다. 무엇에 대한 설명인지 ________에 알맞은 어휘를 쓰십시오.

국가개입주의	신자유주의	경제민주화	복지국가론	작은정부론

1) ________________ : 정부의 예산과 기능을 최소화하자는 이론.
2) ________________ : 경제의 전반적인 영역에서 국가가 개입해야 한다는 이론.
3) ________________ : 대기업에 대한 규제강화, 부자들에 대한 세금인상 등 경제적 평등을 실현하는 일.

4) ______________ : 국가가 국민의 빈곤에 대한 책임을 지고 국민의 최저 생활권을 적극적으로 보장해야 한다는 이론.

5) ______________ : 국가권력의 시장개입을 비판하고 다시 개인과 기업의 자유로운 활동과 시장의 기능을 중시하는 방향으로 가자는 이론.

II. 글을 읽고 질문에 답해 봅시다.

1. 두 사람의 생각을 알맞게 연결하십시오.

1) 강민석 • • "시장은 자유로워야 한다."

2) 정인주 • • "국가는 시장에 개입해야 한다."

2. 글의 내용과 같으면 O표, 다르면 X표 하십시오.

1) '보이지 않는 손'은 '국가의 개입'을 의미한다. ( )

2) 국가가 나라를 지키고 질서를 유지하는 역할만 한다면 독점 기업이 나타나지 않는다. ( )

3) 빈부격차를 줄이려면 시장이 자유로워야 한다. ( )

4) 정부가 개입하면 자원을 적절한 곳에 사용하지 못한다. ( )

3. '작은 정부'와 '큰 정부'에서 나타날 수 있는 문제점을 글에서 찾아 쓰십시오.

	문제점
작은 정부	
큰 정부	

Ⅲ. 정부의 시장 개입에 대해 이야기해 봅시다.

1. 정부가 시장에 개입하는 것이 옳다고 생각합니까?

2. 국가개입주의와 신자유주의 중 어느 것과 관계 있는지 찾아 쓰십시오.

작은 정부　큰 정부　성장　분배　규제강화　규제완화　세계화
자유무역협정(FTA)　보호무역　보이지 않는 손　경쟁　평등　계획경제
시장개방　복지국가　경제민주화　세금인상　무상의료

국가개입주의 :

신자유주의 :

3. 시장경제에 정부가 개입하는 것에 대한 자신의 입장을 쓰십시오.

Ⅳ. 이야기를 듣고 질문에 답해 봅시다. MP3 CD:19

1. 이야기의 중심내용으로 알맞은 것을 고르십시오. (   )

① 정부가 반기업 정서를 주도하고 있다.
② 정부의 기업규제는 경제회복에 도움이 되지 않는다.
③ 기업활동을 평가하고 감시하는 것은 정부의 역할이다.
④ 경제 성장률이 추락한 것은 기업규제에 앞장선 정부의 책임이다.

2. 여자가 말한 내용과 같으면 O표, 다르면 X표 하십시오.

1) 정치권의 빈부격차 해소 방향에 문제가 있다. (   )
2) 우리 경제에서 가장 중요한 것은 분배이다. (   )
3) 경제민주화 덕분에 삶의 질이 향상되었다. (   )
4) 정치권이 기업규제에 힘을 쏟는 것은 선거를 의식해서일 수도 있다. (   )

3. 정부와 정치권의 반기업 정서가 왜 생기게 되었을까요? 이야기해 보십시오.

제20과 커피가 착하다고?

학습 목표

윤리적 소비에 대한 이야기를 듣고 이해할 수 있다.

과제 및 활동

윤리적 소비에 대한 자신의 의견 말하기.

▶ 여러분은 커피 전문점의 커피를 즐겨 마십니까?

▶ 여러분은 커피를 선택할 때 어떤 기준을 가지고 선택합니까?

▶ '착한 소비', '윤리적 소비'는 무슨 뜻일까요?

새 어휘

공정무역
윤리적
대우하다
제삼세계
농장
바늘
꿰매다
급락하다
윤리성
착취하다
수익
소비 행태
진화하다
적자생존
정글의 법칙

Ⅰ. 어휘를 공부해 봅시다.

1. (　　　)에 알맞은 어휘를 쓰십시오.

공정무역	윤리적	제3세계	소비행태	적자생존	정글의 법칙

1) 인간 사회도 동물의 세계와 비슷하다. 자신의 이익을 위해서 상대방을 무자비하게 쓰러뜨리는 (　　　　　　　), 또 그렇게 해서 강한 자만이 살아남는 (　　　　　　　)의 원리가 존재한다.
2) 선진국의 기업들은 제품을 만드는 비용을 최대한 줄이고 이윤을 최대한 얻기 위해 자국이 아닌 (　　　　　　　)의 생산물과 노동력을 이용한다. 그러나 이때 노동자들은 정당한 대가를 지불받지 못한다. 이들에게 정당한 대가를 지불하고 거래를 하려는 것이 (　　　　　　　)이다/다.
3) 이제까지 소비자들의 (　　　　　　　)은/는 자신들의 실질적인 이익을 추구하는 방향으로 이루어져 왔다. 그러나 요즘은 환경을 보호하고 가난한 생산자들이 경제적으로 자립하도록 도우려는 (　　　　　　　) 소비가 점차 증가하고 있다.

2. (　　　)에 알맞은 어휘를 쓰십시오.

꿰매다	급락하다	착취하다	진화하다

1) (　　　　　　　) : 인류가 _____, IT기술이 _____, 게임 캐릭터가 ____
2) (　　　　　　　) : 옷을 _____, 상처를 _____, 양말을 _____
3) (　　　　　　　) : 주가가 _____, 환율이 _____, 유가가 _____
4) (　　　　　　　) : 노동력을 _____, 근로 계층을 _____, 약자를 _____

3. 윤리적 소비와 관련된 어휘입니다. 맞는 것을 골라 ________ 에 쓰십시오.

협동조합	로하스(LOHAS)	공정 여행	직거래 장터	친환경 제품

1) ________________ : 환경오염과 자원의 소비를 줄일 수 있고 버리거나 재활용하기 쉽도록 만들어 전문 기관으로부터 인증을 받은 제품.
2) ________________ : 중간상인을 거치지 않고 유통 단계를 줄임으로써 생산자와 소비자 모두에게 이익이 되도록 살 사람과 팔 사람이 직접 거래하는 장터.
3) ________________ : 건강과 환경, 사회의 지속적인 발전 등을 생각하는 소비자들의 생활 방식을 뜻하는 말로 Lifestyles Of Health And Sustainability의 줄임말.
4) ________________ : 경제적으로 약소한 처지에 있는 농민이나 중·소 상공업자, 일반 소비자들이 힘을 합해 스스로 자신들이 필요한 것을 충족시키기 위해 만든 경제조직.
5) ________________ : 환경오염, 문명 파괴, 낭비 등의 결과를 낳는 즐기기 위주의 여행이 아니라 어려운 나라의 주민들에게 조금이라도 도움을 주자는 생각을 가지고 하는 여행.

II. 이야기를 듣고 질문에 답해 봅시다. MP3 CD:20-1~5

1. 듣고 무엇에 대한 이야기인지 말해 보십시오.

2. 이야기를 부분별로 듣고 질문에 대한 답을 쓰십시오.

1) 착한 소비란 무엇입니까?
   소비자들이 ______________________________ 을/를 사는 데에 돈을 쓰는 것.

2) 이야기에 나온 노동 착취의 두 가지 예는 무엇입니까?
   ① ______________________________
   ② ______________________________

3) 소비자들은 어떤 힘을 가지고 있습니까?

______________ 을/를 ______________ 으로/로 바꾸는 힘.

3. 다시 듣고 들은 내용과 같으면 O표, 다르면 X표 하십시오.

1) 착한 커피는 공정무역 커피를 의미한다. (　　)
2) 커피농장의 노동자들은 대부분 성인이다. (　　)
3) 커피 소비자의 80% 정도가 공정무역 커피를 사 마시고 있다. (　　)

Ⅲ. 윤리적 소비에 대해 이야기해 봅시다.

1. 소비를 할 때 윤리적 판단이 중요하다고 생각합니까?

2. 다음 중 여러분의 소비 행태에 가까운 것에 ✓표 하십시오.

- ☐ 슈퍼마켓에 장을 보러 갈 때는 장바구니를 가져간다.
- ☐ 슈퍼마켓에서 장을 본 후 물건을 넣을 봉투를 산다.

- ☐ 일회용품은 거의 사지 않거나 사용을 줄이려고 한다.
- ☐ 일회용품이 편리하기 때문에 자주 이용하는 편이다.

- ☐ 가능하면 친환경농산물, 유기농식품을 사서 먹는다.
- ☐ 가능하면 벌레 먹지 않은 깨끗한 농산물을 선호한다.

- ☐ 커피를 마실 때는 공정 무역 커피를 마시려고 한다.
- ☐ 근처 커피숍이나 유명 커피숍을 이용한다.

- ☐ 식품을 살 때 생활협동조합이나 직거래 장터를 이용하는 편이다.
- ☐ 식품을 살 때 주로 대형마트나 슈퍼마켓을 이용한다.

3. 위에서 자신이 ✓표 한 이유에 대해 이야기해 보십시오.

Ⅳ. 글을 읽고 질문에 답해 봅시다.

얼마 전 밸런타인데이 때 백화점에서는 예상하지 못했던 일이 벌어졌다. 공정무역을 통해 들여온 초콜릿이 날개 돋친 듯 팔린 것이다. 소비자들은 왜 유명 상품도 아니고 가격면에서도 경쟁력이 낮은 '착한 초콜릿'에 눈을 돌리게 된 걸까?

전통적 소비행태는 가장 낮은 가격에 가장 효용이 높은 물건을 사려는 것이다. 높은 효용이란 많은 양, 당장의 만족감과 연결되어 있다. 그러나 소비 행태도 변화하고 있다. 물론 아직도 '통큰 치킨', '통큰 피자'와 같이 대기업들이 낮은 가격, 큰 사이즈로 판매하는 식품들은 인기를 끌고 있다. 하지만 언제부터인가 소비자들은 물건을 구매할 때 다른 기준을 가지고 자신의 지갑을 열기 시작했다.

먼저 소비자들은 자신과 가족의 건강, 그리고 환경을 보호하는 일에 대해 장기적 시각을 가지기 시작했다. 푸드마일리지가 짧은 지역 식품을 선호하게 된 것도 이런 것들이 소비자에게까지 오는 거리와 시간이 짧아 방부제를 넣을 필요도 없고 탄소 발생도 적기 때문이다. 또한 동물보호 제품, 재활용 제품 등 친환경적 제품에도 관심이 많아지고 있다.

더 나아가 소비자들은 노동이나 인권 문제를 생각하며 상품을 구매하기 시작했다. 대표적인 것이 공정무역 커피, 공정무역 초콜릿 등인데 이는 중간상인을 거치지 않고 현지 농장과 직접 공정한 거래를 통해 들여온 것들이다. 소비자들은 이제 소비 활동에서 자신만을 생각하는 것이 아니라 다른 사람들의 빈곤이나 불평등 문제를 해결하려는 의지를 보이며 영향력을 행사하기 시작한 것이다.

이기적인 소비에서 점차 이타적, 윤리적 소비로 진화하는 이유는 뭘까? 한 연구에 의하면 이타적 구성원이 많은 집단이 이기적 구성원이 많은 집단보다 더 경쟁력이 높다고 한다. 따라서 사람들이 윤리적 소비를 하는 이유는 자신과 자신의 후손들이 더 좋은 환경에서 행복하게 살려면 소비 활동에서도 윤리적, 이타적이어야 한다는 사실을 깨달았기 때문이라는 것이다.

1. 무엇에 대한 이야기입니까? (　　　)

① 공정무역
② 소비와 환경
③ 이기적인 소비
④ 소비 행태의 진화

2. 글의 내용과 같으면 O표, 다르면 X표 하십시오.

1) 착한 초콜릿은 가격 경쟁력이 높다. (　　　)
2) 푸드마일리지가 짧은 지역식품 소비가 늘고 있다. (　　　)
3) 소비자들은 인권 문제보다 환경에 대해 먼저 생각했다. (　　　)

3. 소비가 윤리적으로 변화하는 이유는 무엇입니까?

제21과 의무휴업에 울상 짓는 대형마트

학습 목표

대형마트 의무휴업에 대한 글을 읽고 이해할 수 있다.

과제 및 활동

대형마트 의무휴업에 대해 토론하기.

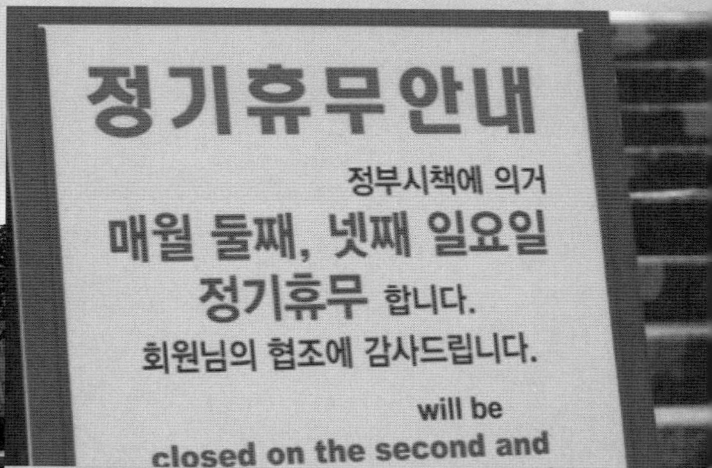

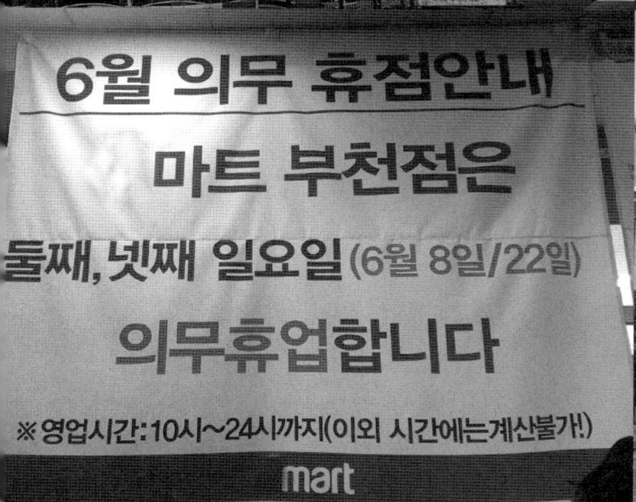

▶ 식품이나 생활필수품을 살 때 주로 이용하는 곳은 어디입니까?

▶ 왜 그곳을 주로 이용합니까?

▶ 여러분의 고향에서는 재래시장이나 집 주변의 작은 가게들을 이용하는 사람들이 많습니까?

새 어휘

골목상권
통과되다
지자체
확산되다
위반하다
부과되다
매출
타격
신선식품
물류
납품하다
협력업체
입주하다
채용
회의적

골목상권과 재래시장을 살리기 위해 기업형 슈퍼마켓과 대형마트의 영업시간을 규제하는 '유통산업발전법'이 통과되었다. S마트, 드림마트, 뉴플러스 등 대형마트는 예상은 하고 있었지만 불편하다는 반응이다.

전주시와 부산광역시를 비롯한 지자체들이 지난달부터 시작한 기업형 슈퍼마켓에 대한 의무휴업이 대형마트로 확산되면서 당장 다음 달부터 서울 내 대형마트는 둘째 주와 넷째 주 일요일에 문을 닫게 된다. 이를 위반한 대형마트에는 벌금이 부과된다.

한 대형마트 관계자는 "주말 매출이 평일 전체의 매출과 비슷한데 한 달에 두 번 문을 닫으면 타격이 매우 커진다"고 말했다. 또한 "주말에 문을 닫으면 신선식품을 관리하는 비용이 증가할 수밖에 없다. 이런 비용을 최소화할 수 있는 방법을 찾고 있지만 쉽지 않다"고 말했다. 또 다른 대형마트 관계자는 "물류 시스템 등 기존 운영 시스템을 모두 바꿔야 하기 때문에 한동안 적응 기간이 필요할 것"이라고 말했다. 이영민 체인협회 회장은 "의무휴업은 대형마트는 물론, 대형마트에 납품하는 협력업체와 농어민, 그리고 대형마트에 입주해 있는 중소업체에도 피해를 줄 것이다. 또한 대형마트의 매출이 줄게 되면 대형마트의 직원 채용도 줄게 되어 많은 사람이 일자리를 잃는 결과로 이어질 것이다"고 말했다.

한편 시민들은 "한국의 유통산업이 너무 대기업 중심의 대형마트를 중심으로 돌아가고 있는데 대형마트 의무휴업은 재래시장을 살릴 수 있는 방법이다"라며 반가움을 표시하는가 하면 "일요일에 문을 닫는다고 시장을 찾지는 않을 것이다. 그 전날이나 다음 날 대형마트를 이용하는 사람이 많을 것이다"라며 회의적인 입장을 나타내기도 했다.

Ⅰ. 어휘를 공부해 봅시다.

1. ( )에 알맞은 어휘를 쓰십시오.

신선식품	물류	협력업체	타격	채용	회의적

1) 올해 대기업들은 신입사원 ( )을/를 늘리기로 했다.
2) 광우병 파동으로 수입산 쇠고기 시장이 큰 ( )을/를 입었다.
3) 대형마트는 생산자나 다른 중소업체에서 물건을 사들여 포장하고 보관하고 운송하는 등 ( )과/와 관련한 시스템을 갖추고 있다.
4) K리그 최우수 선수인 박지영 선수가 월드컵에 출전하지 않아서 우리 축구팀의 우승 가능성에 대해 국민 모두가 ( )이었다/였다.
5) 대형마트와 계약을 한 ( )들은 상품이나 마트의 관리와 유지에 필요한 물건을 공급한다.
6) 채소나 수산물 등 ( )을/를 파는 코너는 식품의 신선도를 위해 일정한 온도를 유지하고 있다.

2. ( )에 알맞은 어휘를 쓰십시오.

부과되다	납품하다	위반하다	통과되다

1) 울산 지역의 많은 중소기업들이 한국의 최대 자동차 제조 회사인 대한 자동차에 부품을 ( )고 있다.
2) 김 모 후보는 시의원 선거에서 지역 주민에게 금품을 돌려 선거법을 ( )는/은/ㄴ 혐의로 기소되었다.
3) 이번에 국회에서는 고령자 고용과 관련한 법안들이 여야 간에 큰 갈등 없이 ( )을/ㄹ 전망이다.
4) 이 도로에서 시속 90킬로미터 이상으로 차를 몰다가 감시카메라에 찍히면 초과한 속도에 따라 벌금이 ( )는다/ㄴ다/다.

3. 유통과 관련된 어휘입니다. ________ 에 알맞은 어휘를 쓰십시오.

유통	유통업체	대리점	통신판매	도매	소매

1)______________이란/란 상품이 생산자로부터 최종 소비자의 손에 이르기까지의 과정을 말한다. 생산자에게서 소비자로 상품이 판매되기까지는 여러 2)______________을/를 거치게 된다. 유통과정은 누구에게 상품을 파느냐에 따라 마지막 소비자에게 상품을 판매하는 3)______________과/와 그 이전의 모든 판매를 가리키는 4)______________으로/로 나누어진다. 유통업체의 형태도 다양해서 시장, 대형마트뿐만 아니라 24시간 영업을 하며 잡화나 식료품을 파는 편의점, 한 회사의 상품을 대신 팔아 주는 5)______________ 등이 있다. 또 파는 장소가 없이 소비자에게 신문, 잡지, 라디오, 텔레비전, 인터넷 등의 통신수단으로 주문을 받고 상품을 파는 6)______________ 등이 있다.

II. 글을 읽고 질문에 답해 봅시다.

1. 무엇에 대한 기사입니까? (   )

① 대형마트 의무휴업 ② 유통업체의 매출
③ 지자체의 발전 방안 ④ 물류비용 감소 방안

2. 기사의 내용과 같으면 O표, 다르면 X표 하십시오.

1) 유통산업발전법은 대형마트를 보호하기 위한 법이다. (   )
2) 대형마트 관계자들은 의무휴업에 대해 불만을 느낀다. (   )
3) 시민들은 거의 모두 의무휴업에 대해 불평한다. (   )
4) 의무휴업은 대형마트의 입주업체에는 영향을 미치지 않을 것이다. (   )

3. 유통산업발전법의 취지는 무엇입니까?

Ⅲ. 대형마트의 의무휴업에 대해 이야기해 봅시다.

1. 대형마트 의무휴업에 찬성하는 의견인지 반대하는 의견인지 ✓표 하십시오.

	찬성	반대
① 소비자들이 재래시장을 많이 찾게 된다.		
② 소비자들은 재래시장을 이용하는 대신 휴업일 전날이나 다음날 대형마트에 갈 것이다.		
③ 소비자들이 더 불편해진다.		
④ 대형마트에 밀려 문을 닫는 재래시장과 동네 작은 가게들을 살릴 수 있다.		
⑤ 지역 사회의 균형 있는 발전을 이끌 수 있다.		
⑥ 대형마트에서 일하는 사람의 일자리가 줄어든다.		
⑦ 대형마트에 물건을 공급하는 농민, 어민, 중소업체들이 피해를 볼 것이다.		

2. 대형마트 의무휴업에 대한 자신의 입장에 ✓표 하고 이유를 정리해 쓰십시오.

대형마트 의무휴업에 대한 나의 입장 : 찬성 ( ) 반대 ( )

3. 위에서 정리한 내용을 바탕으로 토론해 보십시오.

Ⅳ. 이야기를 듣고 질문에 답해 봅시다. MP3 CD:21

1. 알맞게 연결하십시오.

1) 남자 •
2) 여자 •

• 대형마트 의무휴업에 찬성하고 있다.
• 대형마트 의무휴업에 반대하고 있다.

2. 남자의 의견에는 '남', 여자의 의견에는 '여'를 쓰십시오.

1) ( ) 유통산업에 정부 규제가 필요하다.
2) ( ) 전통 시장은 정부의 보호를 받는 대신 스스로 힘을 길러야 한다.
3) ( ) 대형마트가 의무휴업을 실시해도 시장은 살아나지 않는다.
4) ( ) 대형마트가 만드는 일자리보다 시장에서 없어지는 일자리가 더 많다.

3. 들은 내용 중에서 여러분이 가장 공감하는 내용이 있으면 이야기해 보십시오.

제22과 동물보호인가 동물학대인가

학습 목표
동물을 이용하는 사업에 대한 글을 읽고 이해할 수 있다.

과제 및 활동
동물학대에 대한 자신의 생각 이야기하기.

- ▶ 동물을 길러 본 적이 있습니까?
- ▶ 동물이 하는 서커스나 쇼를 본 적이 있습니까? 볼 때의 느낌이 어땠습니까?
- ▶ 동물을 보호하는 방법에는 어떤 것들이 있을까요?

새 어휘

명물
학대
조치
필
방치되다
노천
건초
사료
순하다
민첩성
경주용
분뇨
차다
마부
속성
편자
사육
충족시키다

몇 해 전 서울시는 서울대공원 돌고래 쇼 폐지에 이어 청계천 관광마차 운행을 금지했다. 한동안 청계천 일대의 관광 명물로 인기를 끌던 마차 운행을 서울시가 금지한 것은 주변 교통에 방해가 되고 일부 시민이 다치는 안전사고가 있었기 때문이라는 이유였지만 실제로는 '동물학대' 비판을 의식한 결정이었다.

금지 조치 이후 청계천을 다니던 말 16필 중 7필은 지방의 한 목장에서 거의 방치된 채 지내고 3필은 야산에서 노천에 묶인 채 지내고 있다. 2필은 주인이 건초 비용이 많이 든다는 이유로 충분한 건초를 주지 않아 영양실조로 죽었으며 나머지는 행방이 확인되지 않는다. 청계천에서 마차를 운행했던 마주 강 모 씨는 "지금은 사료의 비용부담이 커서 남은 말도 굶어죽을 것"이라고 한다. 마차용 말은 끈기가 있고 성격이 순해 힘을 쓰는 일은 잘 하지만 민첩성이 떨어져 경주용 말로 팔 수도 없다고 한다. 또 말은 규칙적으로 운동을 해야 하는데 잘 먹지도 못하고 묶여만 있으니 오히려 학대를 받고 있다고 주장한다.

관광마차 운행금지를 이끌어 냈던 동물보호단체 측에서는 "먹이도 제대로 못 먹은 말들이 매연 속에서 분뇨 주머니를 찬 채 700~800kg의 마차를 끌며 아스팔트 위를 달리게 하는 것은 분명한 동물학대"라고 주장했다. 반면 50년 동안 마부로 살아온 박 모 씨는 "말은 힘들거나 배고프면 아예 움직이지 않는다. 말은 어차피 달리는 속성을 가지고 있는데 적절한 시기에 말 편자만 갈아주고 관리를 잘 한다면 문제가 없다"고 한다.

전문가들은 말을 돈벌이 수단으로 보는 마부, 그리고 동물보호만 외칠 뿐 대안은 제시하지 않는 동물보호단체 모두 문제가 있다고 지적한다. 이들은 말이 달리기 좋은 공원 안에서 말에게 적절한 휴식과 사육환경을 제공하면서 관광마차를 운행하면 마부의 영업권과 동물복지 양면을 모두 충족시킬 수 있다고 조언했다.

Ⅰ. 어휘를 공부해 봅시다.

1. ( )에 알맞은 어휘를 쓰십시오.

명물	학대	민첩성	속성	사육

1) 닭, 소, 돼지 등을 철저히 상품으로만 본다면 ( ) 환경이 열악할 수밖에 없다.
2) 육식동물은 힘도 강하지만 움직이는 동물들을 잡아먹어야 하기 때문에 ( )도 뛰어나다.
3) 동물을 인간과 동등한 생명체로 보는 사람들은 동물을 때리는 것은 물론 놀이 공원의 동물 공연도 동물에 대한 ( )으로/로 본다.
4) 연어는 산란기가 다가오면 거센 물살을 헤치고 자신이 태어난 강으로 거슬러 올라가려는 ( )을/를 가지고 있는 회귀성 물고기이다.
5) 일본의 한 기차역에서는 사람이 아닌 고양이가 역장으로 임명되면서 지역의 ( ) 이/가 되어 관광객을 끌어 모으고 있다.

2. ( )에 알맞은 어휘를 쓰십시오.

방치되다	순하다	차다	충족시키다

1) 나는 아기였을 때 워낙 ( )어서/아서/여서 엄마가 자리에 눕혀 놓으면 몇 시간이고 그대로 있었다고 한다.
2) 까다로워진 소비자들의 취향을 ( )으려면/려면 끊임없이 소비자들의 요구에 귀를 기울이려는 노력이 필요하다.
3) 지난 밤 폭우로 쓰러진 거리의 시설물이 그대로 ( )어/아/여 있어서 지나는 시민들의 눈살을 찌푸리게 했다.
4) 화장실에서 나온 피의자는 조사실로 돌아가는 척 하다가 수갑을 ( )은/ㄴ 채 달아났다.

3. 동물보호와 관련된 어휘입니다. ________ 에 알맞은 어휘를 쓰십시오.

독성 실험	모피	반려동물	유기되다	채식주의

요즘은 집에서 기르는 동물을 가리킬 때 가지고 논다는 의미의 '애완동물' 대신 사람과 더불어 살아간다는 의미의 '1)________________'이라는/라는 말이 사용되고 있다. 동물보호에 대한 의식이 확대되었음을 보여주는 예이다. 동물보호단체들의 수도 많아지고 활동도 활발해지고 있다. 이들은 다양한 형태의 동물학대에 반대하는 운동을 벌인다. 예를 들어 화장품을 개발할 때 동물을 상대로 행하는 2)________________에 반대하고, 동물의 3)________________을/를 이용해 만든 옷을 입지 말자는 캠페인을 벌이기도 한다. 주인에 의해 4)________________은/ㄴ 동물들을 보호하거나 입양을 주선하며 직접 입양하는 경우도 많다. 동물보호론자들 중에는 5)________________을/를 선언함으로써 고기를 먹지 않겠다는 자신의 신념을 나타내는 사람들도 많다.

II. 글을 읽고 질문에 답해 봅시다.

1. 기사의 중심내용으로 가장 적당한 것은 무엇입니까? (　　　　)

① 시민의 안전을 위해서 마차운행이 금지되었다.
② 관광산업 발전을 위해 마차운행이 다시 재개되어야 한다.
③ 말의 보호를 위해 말의 행동과 습성에 대해 연구해야 한다.
④ 마차 운행 금지조치가 동물보호를 위한 최선의 방법은 아니었다.

2. 마차 운행 금지 이후 말들의 근황으로 맞지 않는 것은 무엇입니까? (　　　　)

① 어디에 있는지 확인이 안 된다.
② 먹이를 제대로 먹지 못해 죽었다.
③ 야산에 지어진 마구간 안에서 지내고 있다.
④ 목장에서 관리를 제대로 받지 못하고 있다.

3. 마차운행에 대한 각계의 의견을 쓰십시오.

1) 동물보호단체 : ____________________
2) 마부, 마주 : ____________________
3) 전문가 : ____________________

III. 동물학대에 대해 이야기해 봅시다.

1. 여러분이 동물학대라고 생각하는 것에는 어떤 것들이 있습니까?

2. 여러분은 다음 중 어떤 것에 반대합니까? √표 하십시오.

	반대
① 동물들을 동물원에서 살게 한다.	
② 동물들을 훈련시켜 쇼나 서커스를 하게 한다.	
③ 의약품이나 화장품의 안전성 검사를 위해 동물실험을 한다.	
④ 사람의 의류나 가죽 제품을 만들기 위해 동물의 털이나 가죽을 이용한다.	
⑤ 집 안에서 새나 물고기 등을 키운다.	
⑥ 고기나 달걀 등을 얻기 위해 동물을 사육한다.	
⑦ 관광객들이 말이나 코끼리 등을 탈 수 있는 관광시설을 만든다.	

3. 위에서 반대한 이유를 말해 보십시오.

Ⅳ. 이야기를 듣고 질문에 답해 봅시다. MP3 CD:22

1. 무엇에 대한 이야기입니까? (　　　　)

① 동물보호 단체의 활동
② 동물 대상의 화장품 독성 실험
③ 의약품 개발을 위한 동물실험
④ 화장품 재료 개발 기술의 발전

2. 들은 내용과 같으면 O표, 다르면 X표 하십시오.

1) 유럽연합은 동물실험을 거친 화장품의 판매를 금지했다. (　　　　)
2) 국내 한 화장품 회사에서는 동물실험을 중단해 매출이 올랐다. (　　　　)
3) 국내에서 동물실험을 하지 않았다고 입증을 해 주는 기관이 없다. (　　　　)

3. 동물실험을 하지 않는 화장품 회사에서는 대신 어떤 방법으로 독성 검사를 합니까?

제23과 한식 세계화, 상대에 대한 배려에서부터

학습 목표

한식 세계화에 대한 이야기를 듣고 이해할 수 있다.

과제 및 활동

한식 세계화 방안에 대해 말하기.

▶ 한국에 오기 전에 한국 음식을 먹어본 적이 있습니까?

▶ 좋아하는 한국 음식을 이야기해 봅시다.

▶ 세계화에 성공한 여러 나라의 음식에 대해 이야기해 봅시다.

새 어휘

사로잡다
영양소
손색이 없다
열량
숙성시키다
조리법
생으로
발효
걸림돌
쫄깃쫄깃하다
본능적으로
접하다
젓갈
일리가 있다
현지
입맛을 들이다

Ⅰ. 어휘를 공부해 봅시다.

1. ________에 알맞은 어휘를 쓰십시오.

영양소	열량	숙성시키다	조리법	발효	쫄깃쫄깃하다	젓갈	현지

김치는 먼저 무, 배추, 오이 등의 채소를 소금에 절인 후 고추, 파, 마늘, 생강, 1)__________ 등의 양념을 넣어서 만든 2)__________ 식품인데 한국인의 식탁에서 빼놓을 수 없는 음식 중의 하나이다. 특히 제철에 나는 신선한 재료를 3)__________에서 그때그때 구해 넣기 때문에 지역마다 다른 김치를 맛볼 수 있다. 계절에 따라서도 김치의 종류는 무궁무진하다. 요즘은 오징어철이라 바닷가 지역에서는 갓잡은 오징어와 말린 무를 넣어 만든 김치를 많이 담그는데 4)__________게 씹히는 맛이 그만이다. 김치는 담근 직후 바로 먹어도 맛있지만 5)__________는/은/ㄴ 후에 먹으면 한층 더 깊은 맛을 느낄 수 있다. 또 오래된 김치는 다양한 6)__________을/를 통해 별식으로 재탄생되기도 한다. 김치는 7)__________도 높지 않고 각종 비타민 등 8)__________도 풍부하며 소화를 도와주기 때문에 건강식품으로 인기가 많다.

2. (　　)에 알맞은 어휘를 쓰십시오.

사로잡다	손색없다	걸림돌	본능적으로	일리가 있다

1) 대통령은 뛰어난 연설 솜씨로 국민들의 마음을 (　　　　　　)었다/았다/였다.
2) 공공병원도 이윤 추구가 필요하다는 지적은 충분히 (　　　　　　)는다/ㄴ다/다.
3) 정호 씨는 예의바르고 성격도 좋고 직장도 괜찮으니 어디에 내놓아도 (　　　　　　)는/은/ㄴ 신랑감이다.

4) 반대 차선의 트럭이 중앙차선을 넘어 내 차로 달려드는 순간 (   ) 운전대를 왼쪽으로 급하게 돌렸다.

5) 정부가 지난 달 50세 이상 총 3,870명을 대상으로 실시한 설문조사 결과, 자녀 교육비가 노후 준비의 최대 (   )인 것으로 나타났다.

3. 한식 세계화와 관련된 어휘입니다. 알맞게 연결하십시오.

전략	표기법	표준화	마케팅	현지화

1) 전략 •
2) 표기법 •
3) 표준화 •
4) 마케팅 •
5) 현지화 •

• 일을 실제 진행하거나 작업하는 곳의 특성에 맞춤.
• 부호나 문자로써 한 언어를 적어서 나타내는 규칙.
• 재료나 제품의 종류, 품질, 모양, 크기 등을 일정한 기준에 따라 통일함.
• 정치, 경제 등의 사회적 활동을 하면서 어떤 목표에 도달하기 위한 최적의 방법.
• 상품 또는 서비스를 생산자로부터 소비자에게 원활하게 전하기 위한 모든 체계적 경영 활동. (기획 활동, 시장 조사, 상품화 계획, 광고 등)

II. 이야기를 듣고 질문에 답해 봅시다. MP3 CD:23-1~6

1. 듣고 무엇에 대한 이야기인지 말해 보십시오.

2. 이야기를 부분별로 듣고 질문에 대한 답을 쓰십시오.

1) 정부가 선정한 세계화에 적합한 음식은 무엇입니까?

____

2) 한식의 특징은 무엇입니까?

____

3) 무엇이 떡볶이와 김치의 세계화를 어렵게 만들 수 있습니까?

____

4) 한식 세계화가 성공하려면 어떻게 해야 합니까?

____

3. 다시 듣고 들은 내용과 같으면 O표, 다르면 X표 하십시오.

1) 외국인들은 과일 맛이 나는 막걸리를 좋아한다. ( )
2) 한식은 주로 튀기고 찌고 삶는 방법으로 요리한다. ( )
3) 떡볶이가 지우개와 모양이 비슷해서 싫어하는 외국인도 있다. ( )
4) 남자는 한식의 세계화를 위해서는 전통적인 맛을 고집할 필요가 없다고 생각한다. ( )

Ⅲ. 한식의 세계화에 대해 이야기해 봅시다.

1. 한국 음식 중에서 세계화 성공 가능성이 높은 음식은 무엇일까요?

2. 선택한 음식에 대해서 쓰십시오.

이름	
재료	
특징	
문제점	
개선방법	
마케팅 전략	

3. 2번에서 정리한 내용을 바탕으로 여러분이 선택한 음식의 세계화 방안에 대해 발표해 보십시오.

Ⅳ. 글을 읽고 질문에 답해 봅시다.

K-POP[4]을 통해 한국에 대해 관심을 가지게 되고 더 나아가 한식을 접해보고 싶어하는 외국인들이 많아졌다. 그래서 최근 여러 방송에서 우리 음식을 세계에 알리고자 하는 프로그램들을 많이 방영하고 있고 한식의 세계화를 위해 정부가 지원하는 '한식재단'도 설립되었다. 참으로 다행스러운 일이다.

한식이 세계 속에 퍼지려면 어떻게 해야 할까?

첫째, 현지인의 입맛과 문화, 풍습에 대한 조사와 연구가 먼저 이루어져야 한다. 한식의 전통적인 맛을 소개하는 것도 의미가 있지만 현지인의 입맛에 맞지 않는다면 외면당하기 때문이다. 또한 음식의 재료나 도구, 먹는 방법 등이 현지인에게 거부감이 들게 해서는 안 된다.

둘째, 누구나 만들 수 있게 표준 조리법을 마련해야 한다. 표준화된 조리법을 알지 못하면 음식의 진정한 맛을 알 수가 없기에 조리법에 대한 정확한 수치화가 중요하다.

셋째, 우리 음식에 대한 일관되고 통일된 영문 표기법이 필요하다. 막걸리 제조회사들은 해외 수출용 막걸리에 라이스 와인(Rice Wine), 마코리(Maccori), 마콜리(Makkoli) 등으로 제각각 다르게 표기하고 있다. 한식을 소리 나는 대로 표기할 것인지 아니면 외국인들이 이해하기 쉽도록 영어화할 것인지를 깊이 논의해야 한다.

넷째, 음식에 문화를 곁들이는 전략이 필요하다. 외국인에게 음식만 소개하는 것이 아니라 문화를 같이 소개한다면 색다른 즐거움을 줄 것이다. 한국 드라마나 영화, 다양한 공연이 함께 한다면 한식은 외국인들에게 보다 친숙하게 다가갈 수 있다. 더 나아가 한국 문화를 체험해 볼 수 있게 하는 것도 좋은 마케팅 전략이다.

마지막으로, 우리가 경계해야 하는 것은 '다른 나라의 문화보다 우리나라의 문화가 우월하다는 생각'이다. 우리가 소개하는 것이 이렇게 우수한 음식이니 이 음식을 먹고 우리의 뛰어난 문화를 배우라는 식으로 접근해서는 안 된다. 문화는 서로 이해하고 존중하는 것이지 강요하는 것이 아님을 잊지 말아야 한다.

4) 'K-POP' [Korean Popular Music] : 한국 외의 나라에서 한국의 대중가요를 일컫는 말.

1. 이 글의 제목으로 알맞은 것은 무엇입니까? (　　　　)

① 한식 세계화를 위한 과제　　② 한식 세계화의 장애 요인
③ 한식, 전통 깨야 세계화된다　　④ 한식재단, 한식 세계화에 앞장서다

2. 이 글의 내용과 다른 것을 고르십시오. (　　　　)

① 한국 대중가요 덕분에 한국음식에 대한 관심이 높아졌다.
② 아무리 훌륭한 음식이라도 현지화에 실패하면 외면당한다.
③ 한식은 소리 나는 대로 표기되어야 한다.
④ 문화적 우월주의는 한식의 세계화에 도움이 되지 않는다.

3. 한식의 세계화가 가져 올 수 있는 경제적인 효과에 대해서 이야기해 보십시오.

제24과 생활 속의 스마트기술

학습 목표

생활 속의 스마트기술에 대한 이야기를 듣고 이해할 수 있다.

과제 및 활동

스마트기기의 기능과 사용법에 대해 이야기하기.

▶ 스마트폰에는 어떤 기능들이 있습니까?

▶ 스마트폰 기능 중 가장 자주 사용하는 것은 무엇입니까?

▶ 가전제품에는 어떤 스마트기술이 적용될 수 있을까요?

새 어휘

강연
출시되다
입력하다
개선하다
기기
평평하다
전달되다
휘다
기판
펼치다
접다
말리다
고해상도
상품화

I. 어휘를 공부해 봅시다.

1. (   )에 알맞은 어휘를 쓰십시오.

강연	기기	고해상도	상품화

1) 냉장고, 전기밥솥, 믹서 등 다양한 주방 (   )에도 스마트 기술이 적용되면서 주부들이 점점 편해지고 있다.
2) 이번 달 사원교육 시간에는 철학과 이병준 교수님이 행복론에 대해 (   )을/를 해 주시기로 했습니다.
3) 대학생이 할머니를 위해서 만든 노인용 컴퓨터 게임이 동네 노인들에게까지 인기를 끌게 되자 게임업체가 이를 (   )하기로 했다고 한다.
4) (   )의 화면에서 게임을 하면 시각적으로 느끼는 만족감이 커지기 때문에 게임이 더 재미있어지고 따라서 중독성도 강해진다.

2. (   )에 알맞은 어휘를 쓰십시오.

출시되다	입력하다	개선하다	평평하다	휘다	펼치다

1) 이번에 왼손잡이도 불편을 느끼지 않고 사용할 수 있는 스마트폰이 시장에 나왔다. (   )
2) 건물을 지을 때는 우선 땅을 고르고 판판하게 만드는 작업을 해야 한다. (   )
3) 어렸을 때는 형제들과 세계지도를 방바닥에 펴 놓고 지명 찾기 놀이를 하곤 했다. (   )
4) 구부러지는 태블릿PC가 개발되어서 돌돌 말거나 접어가지고 다닐 수 있게 되었다. (   )
5) 알고 싶은 것이 있을 때 검색엔진의 검색창에 단어만 치면 되니까 백과사전에 대한 수요가 점점 줄고 있다고 한다. (   )

6) 사교육에 투자를 많이 하는 집의 자녀가 대학입학시험에서 좋은 점수를 받는 지금의 구조를 합리적으로 바꿀 필요가 있다. (   )

3. 스마트기술과 관련된 어휘입니다. ________에 알맞은 어휘를 쓰십시오.

인식	작동	연동	감지	인공지능

스마트폰 기능이 발전하면서 집안의 가전기기들을 스마트폰과 1)____________시키는 기술이 개발되고 있다. 이에 따라 사람들은 몸을 쓰지 않고도 손 안에서 스마트폰을 2)____________해서 집안일을 편하게 할 수 있게 되었다. 인간의 음성을 3)____________해 반응하는 스마트기술은, 스마트폰은 물론 스마트TV나 주방가전 등 집안 곳곳에서 활용될 것이다. 4)____________컴퓨터가 집안의 환경을 관리하는 기술은 이미 개발되었다. 집주인의 건강 및 체질 관련 정보를 입력하면 시시각각 변하는 집안의 밝기, 실내온도, 습도 등을 5)____________해 항상 쾌적한 환경을 유지하도록 해 주는 기술이다. 스마트기술이 가져올 이러한 미래의 모습을 낙관적으로 보는 사람들도 있지만 점점 복잡해져 가는 기술에 의존하면서 인간의 지적 능력이 퇴보할 것이라며 걱정하는 사람들도 있다.

II. 이야기를 듣고 질문에 답해 봅시다. MP3 CD:24-1~6

1. 듣고 무엇에 대한 이야기인지 말해 보십시오.

2. 이야기를 부분별로 듣고 질문에 대한 답을 쓰십시오.

1) IT기술의 발전을 가장 잘 느낄 수 있는 제품은 무엇입니까?

____

2) 프로젝션 키보드는 왜 개발되었습니까?

____

3) 휘는 디스플레이를 이용한 스마트폰의 두 가지 예는 무엇입니까?

____

4) 양면 스마트폰의 각 면은 어떤 용도로 사용될 수 있습니까?

____

3. 다시 듣고 들은 내용과 같으면 O표, 다르면 X표 하십시오

1) 프로젝션 키보드는 시장에 나와 있다. (　　　)
2) 프로젝션 키보드를 사용하기 위해 따로 필요한 기기는 없다. (　　　)
3) 휘는 디스플레이를 만드는 일은 기술적으로 어렵지 않다. (　　　)
4) 양면 스마트폰은 스마트폰 또는 태블릿으로 사용할 수 있는 스마트폰이다. (　　　)

Ⅲ. 스마트기기에 대해 이야기해 봅시다.

1. 지금 사용하는 스마트기기는 어떤 것이 있습니까?

2. 다음 중 하나를 골라 스마트기술을 적용해 만든 제품을 상상해서 그려보고 기능 및 사용법을 써 보십시오.

TV　냉장고　세탁기　스마트폰　태블릿PC　자동차　청소기

제품(그림)	기능 및 사용법

3. 친구들 앞에서 그림을 설명해 보십시오.

Ⅳ. 글을 읽고 질문에 답해 봅시다.

스마트폰으로 시작된 스마트기술이 이제 우리의 일상으로 들어오면서 생활 전반에 걸쳐 혁명을 일으키고 있다. 지난 달 세계 가전 전시회에서는 우리의 일상으로 들어 올 다양한 스마트 가전 제품을 선보였다.

TV는 사람의 음성을 인식할 수 있게 되어 시청자가 음성으로 방송을 검색하면 TV가 추천을 해 준다. TV와 사람이 대화를 하는 셈이다. 또한 TV가 눈동자의 움직임을 인식하여 사람들은 눈동자로 채널을 조정할 수 있다. 허공에서 손짓으로 책장을 넘기듯 TV 화면을 넘길 수도 있다.

냉장고 문에는 대형 컬러 액정표시장치가 붙어 있다. 가족들은 이 화면에서 냉장고 안 식품의 목록과 보관 장소를 확인할 수 있다. 스마트폰으로 작성한 메모, 스마트폰으로 촬영한 사진도 실시간으로 본다. 화면을 통해 인터넷이 연결되므로 라디오와 음악을 감상할 수 있는 것은 물론이다.

세탁기는 집밖에서 원하는 시간에 세탁을 시작하고 세탁 시간을 조절할 수 있다. 또한 세탁기가 스스로 전력을 조절해 효율적인 전력소비를 가능하게 한다.

스마트오븐의 경우 스마트폰 앱을 통해 요리 방법을 찾아서 오븐으로 보내고 재료를 넣은 후에 시작 키만 누르면 온도나 시간을 직접 설정하지 않아도 바로 조리가 가능하다. 즉, 스마트폰에서 메뉴를 선택해서 갖다 대기만 하면 오븐이 조리를 시작하는 것이다.

로봇청소기는 집 밖에서 스마트폰으로 명령을 내리면 청소를 시작한다. 청소기에 붙어 있는 카메라에 스마트폰이 연결되어 있기 때문에 집주인은 청소 진행 상황을 보면서 청소를 명령할 수 있다. 또한 모니터링 기능을 이용해 집안 곳곳을 둘러볼 수 있어서 집안의 안전까지 지킬 수 있다.

스마트기술이 각종 가전기기와 결합하면서 상상 속에서만 가능하던 미래가 점차 현실로 다가오고 있다.

1. 무엇에 대한 이야기입니까? (　　　)

① 스마트폰의 역사와 미래
② 스마트기술 개발의 원리
③ 기계가 인간을 지배하게 될 미래사회
④ 일상생활에서 사용하게 될 스마트 가전제품

2. 글의 내용과 같으면 O표, 다르면 X표 하십시오.

1) 인간의 외로움을 달래기 위해 인간과 대화하는 TV가 개발된다. (　　　)
2) 사람이 집에 없어도 원하는 시간에 세탁할 수 있는 세탁기가 나온다. (　　　)
3) 재료만 넣고 요리 이름을 말하기만 하면 조리가 시작되는 오븐이 나온다. (　　　)

3. 가까운 미래에 어떤 스마트 가전제품이 개발될 것 같습니까?

제25과 북한 핵보유 선언, 그 해결책은?

학습 목표

북한 핵 문제에 대한 글을 읽고 이해할 수 있다.

과제 및 활동

핵무기 개발에 대해 자신의 의견 말하기.

▶ 핵보유국 이름을 이야기해 보십시오.

▶ 왜 핵무기를 개발할까요?

▶ 북한에 대해서 알고 있는 것을 이야기해 보십시오.

새 어휘

보유하다
선언하다
가동하다
핵무기
외면하다
제재
궁핍
대외적으로
체제
간섭
배제하다
대내적으로
결속
패배주의
선전
민심
통제하다
군부
충성
원조

북한이 최근에 개정된 헌법에서 핵을 보유하고 있음을 선언했다. 북한은 1960년대부터 핵개발을 계획하여 1970년대에 영변에 핵시설을 건설했으며 1980년대부터 부분적으로 가동하기 시작했다. 미사일 분야에 있어서는 발전에 발전을 거듭하여 북한은 오늘날 세계 6위권의 미사일 강대국이 되었다. 그러나 북한은 핵무기를 규제하는 국제사회의 노력을 외면하는 '문제국가'로서 여러 차례 핵실험까지 실시하는 등 핵무기 개발을 지속적으로 시도하고 있다.

수십만의 북한주민들이 굶어죽고 국제사회로부터 경제제재와 외교제재를 받아 궁핍과 고립이 깊어지고 있는데도 불구하고 북한은 왜 핵무기 개발을 멈추지 않는 것일까?

대외적으로 핵무기는 북한체제에 대한 미국이나 국제사회의 간섭을 배제하는 수단이다. 북한은 장거리 타격능력을 갖추는 것이 미국의 공격이나 간섭을 배제하는 최선의 방법이라 믿는다.

대내적으로 핵무기는 강대국의 상징이자 체제결속을 위한 정치적 수단이다. 북한은 "핵무기를 보유하면 그 누구도 우리 공화국을 무시하지 못한다"며 핵무기를 물자와 복지 부족에 시달리는 북한군이 패배주의적 사고에 빠지지 않도록 방지하는 선전도구로 활용한다. 핵무기는 민심을 통제하고 군부의 충성을 보장하는 중요한 수단인 것이다.

북한의 공식적인 핵보유국 선언에 대해 한국과 미국은 모두 받아들일 수 없다는 입장을 밝혔다. 미 국무부 대변인은 미국 정부는 북을 핵보유국으로 인정하지 않으며 북한은 핵보유국이 되려는 욕심을 버리고 배고픔에 고통 받는 북한주민들을 위한 정책을 펴야 한다고 지적했다. 한국 정부 관계자 역시 핵보유국 선언은 북한의 일방적인 주장일 뿐이며 한국과 국제사회로부터 지속적인 원조를 받아 내기 위한 새로운 형태의 협박이라고 비난했다.

Ⅰ. 어휘를 공부해 봅시다.

1. 관계있는 것끼리 연결하십시오.

보유하다	선언하다	가동하다	외면하다	배제하다	통제하다

1) 독립, 독신, 출마 • 　　　　• 보유하다
2) 현실, 진실, 노력 • 　　　　• 선언하다
3) 출입, 교통, 자신 • 　　　　• 가동하다
4) 에어컨, 시설, 공장 • 　　　　• 외면하다
5) 가능성, 감정, 간섭 • 　　　　• 배제하다
6) 기록, 주택, 특허 • 　　　　• 통제하다

2. (　　　)에 알맞은 어휘를 쓰십시오.

핵무기	제재	궁핍	결속	충성

1) 저소득층의 경제적 (　　　　　)은/는 정부차원에서 해결해야 할 문제이다.
2) 화학무기와 더불어 (　　　　　)은/는 기존의 재래식 무기를 무력화시키는 절대무기이다.
3) 한국인은 오랫동안 국가에 대한 (　　　　　)과/와 부모에 대한 효도를 가장 중요한 가치로 생각해왔다.
4) 북한이 이번 올림픽을 TV로 중계한 것은 흩어진 민심을 잡고 주민들의 (　　　　　)을/를 강화하려는 것으로 보인다.
5) 전문가들은 대규모 시위와 무역 (　　　　　)이/가 외국인 투자를 감소시켜 국가 경제를 악화시킬 수 있다고 경고했다.

3. 핵문제와 관련된 어휘입니다. ________에 알맞은 어휘를 쓰십시오.

핵사찰	핵우산	핵무장	비핵화	핵확산

1) ________________ : 핵무기를 없애는 것.
2) ________________ : 핵무기가 널리 퍼지게 되는 것.
3) ________________ : 핵무기를 갖추거나 배치하는 것.
4) ________________ : 핵무기를 보유한 국가가 핵을 보유하지 않은 동맹국가의 안전을 보장하는 것.
5) ________________ : 핵무기 개발 의혹과 관련하여 국제원자력기구(IAEA)가 핵관련시설에 대해 조사하는 활동.

국제원자력기구의 끊임없는 6)________________ 요구를 거부해 오던 북한이 최근 핵보유국임을 공식적으로 선언했다. 이로 인해 7)________________ 방지를 위한 국제사회의 노력이 물거품이 되었다. 이는 원조를 조건으로 한 그동안의 단계별 8)________________ 약속을 무시한 행위이므로 그동안 미국의 9)________________ 아래에 있다고 안심하고 있던 다른 주변국들도 긴장하며 자국의 10)________________을/를 조심스럽게 고려하고 있다.

II. 글을 읽고 질문에 답해 봅시다.

1. 중심 내용으로 맞는 것은 무엇입니까? (　　　)

① 북한이 핵실험을 했다.
② 북한이 핵개발을 포기하기로 했다.
③ 북한이 핵무기가 있다고 선언했다.
④ 북한은 핵시설을 조사받는 대신 경제 원조를 받기로 했다.

2. 글의 내용과 같으면 O표, 다르면 X표 하십시오.

1) 북한은 핵실험을 한 적이 있다. (　　　)
2) 북한은 1980년대부터 핵시설을 건설했다. (　　　)
3) 한국은 북한의 핵보유국 선언을 인정하지 않았다. (　　　)
4) 미국은 북한의 핵보유 사실은 인정하지만 핵무기가 원조를 받기 위한 수단이 되어서는 안 된다고 경고했다. (　　　)

3. 북한은 왜 핵무기를 개발하려고 합니까? 빈 칸에 쓰십시오.

왜냐하면 핵무기는
첫째, 대외적으로는 ______________________________이고
둘째, 대내적으로는 ______________________________이기 때문이다.

III. 핵무기 개발에 대해 이야기해 봅시다.

1. 자국의 안보를 위해서 핵무기 개발이 필요하다고 생각하십니까?

2. 핵무기 보유에 대한 찬성과 반대 입장을 정하고 그 이유를 써 보십시오.

	찬성(　)	반대(　)
이유		

3. 핵무기 개발에 대해 토론해 보십시오.

Ⅳ. 이야기를 듣고 질문에 답해 봅시다. MP3 CD:25

1. 중심내용과 관계있는 속담은 무엇입니까? (　　　　)

① 친구 따라 강남 간다.　　② 눈에는 눈, 이에는 이.
③ 고래 싸움에 새우등 터진다.　　④ 열 번 찍어 안 넘어가는 나무 없다.

2. 들은 내용과 같은 것을 고르십시오. (　　　　)

① 정 의원의 주장은 국민들로부터 지지를 얻고 있다.
② 정 의원은 자기방어적인 입장에서 핵은 필요하다고 생각한다.
③ 정 의원은 한반도의 평화를 위해 핵무기는 없애야 한다고 말했다.
④ 정 의원은 비상시국인 지금 당장 핵무기를 개발해야 한다고 주장하고 있다.

3. 여러분은 정 의원의 생각에 동의하십니까? 이야기해 보십시오.

제26과 대북관계, 당근과 채찍 모두 필요해

학습 목표

대북관계에 대한 이야기를 듣고 이해할 수 있다.

과제 및 활동

대북지원에 대해 자신의 의견 쓰기.

- ▶ 판문점이나 비무장지대(DMZ)에 가 본 적이 있습니까?
- ▶ 현재 한국과 북한의 관계는 어떻습니까?
- ▶ 한국과 북한 사이에 어떤 교류가 이루어지고 있습니까?

새 어휘

지원
도발
수해
햇볕정책
취지
기여하다
개방
유도하다
순진하다
이득
굳건히
퍼주다
비방하다
채찍
강경정책
교류
정착
단호하다

Ⅰ. 어휘를 공부해 봅시다.

1. (　　　)에 알맞은 어휘를 쓰십시오.

도발	수해	순진하다	굳건히	퍼주다	비방하다	단호하다

1) 제주도와 남부지방이 장맛비로 많은 (　　　　　　)을/를 입었다.
2) 우리 아이는 너무 (　　　　　　)어서/아서/여서 세상이 얼마나 무서운지 모른다.
3) 선거를 앞두고 상대 후보를 (　　　　　　)는/은/ㄴ 글이 인터넷에서 나돌고 있다.
4) 정부는 북한의 추가 (　　　　　　)이/가 있을 때는 중대한 조치를 하겠다고 경고했다.
5) 비록 오해로 인해 서로 크게 싸웠지만 이번 일은 우리의 우정을 (　　　　　　) 다지는 계기가 되었다.
6) 마음도 따뜻하고 손도 큰 우리 엄마는 남에게 받는 것보다 항상 (　　　　　　)는/은/ㄴ 것을 좋아하신다.
7) 우유부단한 남편의 성격이 (　　　　　　)는/은/ㄴ 아내의 성격과 잘 맞지 않아 옆집 부부는 다툼이 잦다.

2. 밑줄 친 부분과 관계있는 어휘를 (　　　)에 쓰십시오.

취지	기여하다	개방	유도하다	정착

미래그룹이 장소와 인력을 지원한 '방과후교실'이 안산시에 문을 열었다. 외국인 근로자들의 자녀들이 학교생활에 잘 적응할 수 있도록 돕는 것이 설립 ①목적인 '방과후교실'은 국제결혼한 부부나 외국인부부의 자녀들이 간식 값만 내면 이용할 수 있다. 기증받은 수백 권의 학습용 만화책과 동화책들은 아이들이 자연스럽게 책을 가까이 할 수 있도록 ②이끌어주고, 저녁 11시까지 ③문을 열기 때문에 부모가 아이 걱정 없이

안심하고 일할 수 있다. 국내 거주 외국인을 배려한 이러한 시설은 외국인들이 낯선 한국 땅에 ④자리잡는 데 ⑤큰 도움이 될 것이다.

① ( ) ② ( ) ③ ( ) ④ ( ) ⑤ ( )

3. 대북지원과 관련된 어휘입니다. 알맞은 어휘를 ______ 에 쓰십시오.

인도주의	협력	갈등	협상	구호

1) ______ : 힘을 합하여 서로 도움. 경제○○, 기술○○, ○○관계.

2) ______ : 재해나 재난 등으로 어려움에 처한 사람을 돕고 보호함.
○○단체, ○○물품, ○○대책

3) ______ : 어떤 목적에 맞는 결정을 하기 위하여 여럿이 서로 의논함.
임금○○, ○○을/를 벌이다, ○○이/가 깨지다

4) ______ : 개인이나 집단 사이에 목표나 이해관계가 달라 서로 적대시하거나 충돌함. 또는 그런 상태. 노사○○, 고부○○, ○○을/를 겪다

5) ______ : 인간의 존엄성을 최고의 가치로 여기고 인류의 안녕과 복지를 추구하는 것을 이상으로 하는 사상이나 태도.
○○○○ 정신, ○○○○ 차원, ○○○○ 실천

II. 이야기를 듣고 질문에 답해 봅시다. MP3 CD:26-1~6

1. 듣고 무엇에 대한 이야기인지 말해 보십시오.

2. 이야기를 부분별로 듣고 질문에 대한 답을 쓰십시오.

1) 정부의 대북지원에 대한 최근 여론은 어떻습니까?

______

2) 북한을 지원하면 어떤 긍정적인 결과가 생길까요?

____

3) 북한은 햇볕정책을 어떻게 이용하고 있습니까?

____

4) 한반도의 평화를 지키기 위해서 남자토론자와 여자토론자는 각각 무엇을 해야 한다고 생각합니까?

남자토론자 : ______________________________

여자토론자 : ______________________________

3. 다시 듣고 들은 내용과 같으면 O표, 다르면 X표 하십시오.

1) 최근 우리정부는 북한의 지원 요청을 거절했다. (   )
2) 남자토론자는 대북지원이 북한의 체제변화에 도움이 된다고 생각한다. (   )
3) 여자토론자는 대북관계를 현실적으로 바라보고 있다. (   )
4) 남자토론자는 햇볕정책의 포기는 전쟁을 불러일으킬 수도 있다고 경고했다. (   )

III. 대북지원에 대해 이야기해 봅시다.

1. 대북지원에 대해 찬성하십니까? 반대하십니까? 그 이유는 무엇입니까?

2. 현재 북한은 어떤 지원이 필요할까요?

정부차원	
민간차원	
국제적 차원	

3. 1번과 2번에서 정리한 내용을 바탕으로 대북지원에 대한 여러분의 입장을 쓰십시오.

Ⅳ. 글을 읽고 질문에 답해 봅시다.

민간단체와 종교계가 대북 인도적 지원 확대를 요구하는 등 정부 정책에 반발하고 나섰다. 정부는 지난 번 북한의 군사적 도발행위 이후 어린아이들과 환자 등에 대한 순수 인도주의적 지원에 대해서만 예외적으로 구호물품을 보낼 수 있도록 승인하고 있다. 밀가루와 쌀을 비롯한 식량지원은 여전히 막혀 있고 물품지원을 위한 북측과의 협상도 극히 제한적으로 허가되고 있다.

대북지원 통로가 막히자 지원단체들은 제3국을 통해 북한에 지원을 하고 있다. 북한의 식량사정이 심각한 것으로 전해지자 구호단체 '평화사랑'은 최근 평양 주민들에게 밀가루 300톤, 2억 원 어치를 지원했다. '평화사랑'은 정부가 식량지원을 금지하자 중국을 거쳐 전달했으며 앞으로도 제3국을 통해 대북 지원을 계속한다는 입장을 분명히 했다. '평화사랑' 윤기광 대표는 "대북 지원은 남북관계의 상황에 따라 다시 시작할지 안 할지 그 여부를 결정할 문제가 아니라 우리가 감당해야 할 최소한의 의무이고 인도주의 차원에서도 북한 주민들의 굶주림과 피해를 외면해서는 안 되기 때문"이라고 말했다. 그러나 정부는 핵실험, 민간인 지역 폭격 등에 대한 북한의 책임 있는 대책과 사과 없이 인도주의적 지원을 확대하는 것은 시기상조라고 보고 있다. 또 지원단체들이 정부의 허가 없이 중국 등 제3국에서 북측 인사와 만나는 것은 교류협력법 위반이라며 일부단체에 대해 법에 따라 처리하겠다는 입장이다.

대북지원단체는 정부가 명확한 기준을 만들어줘야 하는데 사안에 따라 지역과 규모 등 여러 가지 조건을 따지면서 쉽게 승인하지 않고 있다고 비판했다. 북한 식량지원 등을 놓고 대북지원단체와 정부가 충돌하면서 양측 간 갈등이 갈수록 깊어가고 있다.

1. 위 글의 중심내용으로 알맞은 것을 고르십시오. (　　　　)

① 대북지원으로 인한 문제점
② 대북지원과 관련한 국제 문제
③ 대북지원의 필요성과 앞으로의 방향
④ 대북지원 중단으로 인한 정부와 대북지원단체 간의 갈등

2. 위 글의 내용과 같으면 O표, 다르면 X표 하십시오.

1) 대북지원 단체들은 정부의 정책때문에 현재 대북지원을 모두 중단하였다. (　　　　)
2) '평화사랑' 대표는 남북관계가 어떻게 달라지는 지 지켜본 후 대북지원을 다시 시작할지 안 할지 결정하겠다고 말했다. (　　　　)
3) 정부는 핵실험, 민간인 지역 폭격에 대해 북한이 책임 있는 태도를 보이지 않는다면 아직 인도주의적 지원을 확대해서는 안 된다고 보고 있다. (　　　　)
4) 대북지원단체들은 정부의 대북지원 축소정책에 따라 앞으로 대북지원을 줄이려고 한다. (　　　　)

3. 민간단체들이 위법임에도 불구하고 대북지원을 계속하려는 이유가 무엇입니까?

제27과 군복무기간 단축, 문제점은?

학습 목표
군복무기간 단축에 대한 글을 읽고 이해할 수 있다.

과제 및 활동
병역제에 대한 자신의 생각 발표하기.

▶ 여러분 나라에서는 어떤 방법으로 군인이 됩니까?

▶ 군복무가 의무인 나라들은 어디입니까?

▶ 군복무가 국민의 의무라면 복무기간은 어느 정도가 적당합니까?

새 어휘

복무기간
육군
사병
해군
공군
안보상황
호전되다
부사관
증원
전제되다
보병
포병
기갑
정비
징병제
대비하다
인적자원
육성
역행하다

대통령이 선거 전에 내놓은 '군복무기간 단축' 공약이 논쟁거리가 되고 있다. 육군 사병을 기준으로 현재 21개월인 복무기간을 18개월로 줄이겠다는 이 공약에 대해 국방부는 곤란해 하고 있고 여권 일부에서조차 우려를 나타내고 있다.

대한민국은 한국전쟁 직후와 1968년 1·21사태 이후 군복무기간이 가장 길었으며, 육군의 경우 가장 길었던 복무기간은 36개월이다. 그러나 그 이후로는 계속 단축되어 2012년 현재 복무기간은 각각 육군 21개월, 해군 23개월, 공군 24개월로 줄었다. 여기에서 육군을 기준으로 3개월을 더 줄인다는 것이 군복무기간 단축 공약의 내용이다.

국방부에서는 군복무기간을 단축하기 위해서는 우선 안보상황이 호전되어야 하고 부사관 3만 명 증원이 전제되어야 한다며 현실적으로 예산이 문제가 된다고 했다. 부사관 증원은 예산문제와 직접적으로 관련이 있기 때문이다. 복무기간을 단축하면 연평균 사병이 27,000명 부족해지며 이를 보충하는 부사관을 늘리는 데에 연 1조원의 국방예산이 더 필요하다는 것이다. 국방부는 또 군복무기간 단축이 병사의 전투력 약화로 이어질 수 있다는 점을 지적했다. 국방연구원에서는 필요한 전투력을 갖추려면 육군 기준으로 보병 16개월, 포병 17개월, 통신 18개월, 기갑 21개월, 정비 21개월의 복무기간이 필요하다고 분석했는데 복무기간을 18개월로 줄이면 훈련기간이 부족해 전투력이 떨어진다는 것이다.

그러나 복무기간 단축에 대해 긍정적인 의견도 적지 않다. 대한민국처럼 징병제를 채택한 나라 중 많은 나라가 12개월을 복무기간으로 정하고 있는데 뚜렷한 전력의 약화현상이 없다는 것이다. 핵무기까지 갖춘 북한의 위협에 대비하려면 강력한 군사력이 필요하다는 논리에 대해서도, 실제 북한군은 한국군과 비교하면 체력이 많이 떨어져 있는 상황이라며 반박한다. 더 나아가 국방력은 먼저 국력이 튼튼해야 강해질 수 있는 것으로 국력을 키우려면 대한민국의 경쟁력 있는 자원인 인적자원을 강화할 필요가 있는데 긴 복무기간이 인적자원의 육성과 활용에 역행하는 측면이 있다는 것이 복무기간 단축에 찬성하는 사람들의 주장이다.

Ⅰ. 어휘를 공부해 봅시다.

1. (   )에 알맞은 어휘를 쓰십시오.

육군	해군	공군	사병	보병	포병

1) (   ) 땅 위에서 공격과 방어의 임무를 수행하는 군대.
2) (   ) 바다에서 공격과 방어의 임무를 수행하는 군대.
3) (   ) 육군에서 포 사격을 맡아 하는 군대나 군인.
4) (   ) 소총으로 적과 싸우는 육군의 중심 전투병과.
5) (   ) 공중에서 공격과 방어의 임무를 수행하는 군대.
6) (   ) 장교, 부사관이 아닌 병사.

2. (   )에 알맞은 어휘를 쓰십시오.

호전되다	전제되다	대비하다	역행하다

1) 영화 내용에 대해 규제를 강화하는 것은 시대의 흐름에 (   )는/은/ㄴ 것이다.
2) 수술을 받은 후에 증세가 (   )어서/아서/여서 이제 곧 퇴원할 수 있게 되었다.
3) 외국의 귀빈들이 입국하는 오늘, 공항에서는 만일의 사태에 (   )어/아/여 평소보다 더 많은 경찰을 동원했다.
4) 두 나라의 관계가 좋아지려면 두 나라 모두 역사를 올바르게 인식하려는 의지가 (   )어야/아야/여야 한다.

3. 군대와 관련된 어휘입니다. ________ 에 알맞은 어휘를 쓰십시오.

입대	제대	면회	부대	해병대	모병제	입영통지서

본인의 자유의사에 따라 지원하여 군대에 복무하는 1)______________을/를 시행하는 나라들도 있지만 한국은 군복무를 의무화한 징병제를 채택하고 있다. 한국의 남성들은 특별한 사유가 없는 한 만 19세가 되면 국가로부터 2)________________을/를 받는다. 이때 육군, 공군, 해군, 3)________________ 등 자신이 속할 군대를 선택해 지원할 수 있다.

4)______________을/를 하면 훈련소에서 5주간 군사훈련을 받은 후 각 5)________________에 배치되어 군복무를 하고 지정된 기간을 마치면 6)________________을/를 한다. 군복무 중인 가족이나 친구를 만나려면 먼저 7)________________을/를 할 수 있는 날짜를 알아보고 신청을 한 후 만날 수 있다.

II. 글을 읽고 질문에 답해 봅시다.

1. 기사의 중심내용으로 맞는 것은 무엇입니까? (　　　　)

① 사병의 군복무기간을 줄여야 한다.
② 군복무기간 단축에 대한 의견이 분분하다.
③ 대통령 당선인의 공약에 대해 국방부가 반대하고 있다.
④ 강력한 군사력을 갖추기 위해 군복무기간을 줄여서는 안 된다.

2. 군복무기간 단축에 찬성하는 이유로 맞지 않는 것은 무엇입니까? (　　　　)

① 병사들의 숙련도가 약화될 수 있다.
② 북한군의 전투력은 걱정할 만한 것이 못 된다.
③ 18개월 이하를 복무기간으로 정한 나라가 많다.
④ 국가적으로 인적자원을 기르는 것이 더 중요하다.

3. 국방부가 군복무기간 단축에 반대하는 두 가지 이유를 쓰십시오.

1) ____________________

2) ____________________

Ⅲ. 병역 제도에 대한 생각을 이야기해 봅시다.

1. 옆 친구와 함께 징병제와 모병제의 장점과 단점을 정리해 보십시오.

	장점	단점
징병제		
모병제		

2. 한국(또는 자신의 나라)에 맞는 병역 제도를 정리해 보십시오.

나라	
병역 제도	
기간	
이유	

3. 2번의 내용을 발표해 보십시오.

Ⅳ. 이야기를 듣고 질문에 답해 봅시다. MP3 CD:27

1. 양심적 병역거부자의 의미로 가장 적당한 것은 무엇입니까? (   )

① 양심에 의해 전쟁을 하지 않으려는 사람들
② 양심에 의해 군입대를 안 하려는 사람들
③ 북한을 적으로 보지 않는 사람들
④ 종교적 신념이 강한 사람들

2. 양심적 병역거부에 찬성하는 의견에는 '찬', 반대하는 의견에는 '반'을 쓰십시오.

1) 대체복무제가 대안이 될 수 있다. (   )
2) 한국의 특수한 상황을 생각해야 한다. (   )
3) 국가가 있어야 자신의 양심도 지킬 수 있다. (   )
4) 양심적 병역거부자 처벌은 양심의 자유를 보장한 헌법에 위배된다. (   )

3. 남자가 말하는 '한반도의 현실'이란 어떤 것입니까?

제28과 친환경, 생활 속 작은 습관부터 실천해야

학습 목표

친환경에 대한 글을 읽고 이해할 수 있다.

과제 및 활동

친환경적인 삶에 대해 말하기.

- 여러분은 일회용품을 자주 사용하는 편입니까?
- 여러분은 쓰레기를 분리해서 버립니까?
- 여러분 나라에서는 환경보호를 위해서 어떤 정책을 펴고 있습니까?

새 어휘

모색하다
추진하다
자문
재활용
신재생 에너지
조성
공유
감축
절감
용도
조명
고효율
확충하다
조경
퇴식구
폐쇄하다
전개하다
자발적으로

문화대학은 현재 우리 사회가 안고 있는 다양한 환경 및 에너지 관련 문제들에 대한 해결 방안을 모색하고자 '친환경캠퍼스'를 위한 종합계획을 세워서 추진한다. 대학 홈페이지를 통해 학생, 교수, 교직원 등의 다양한 의견을 모아 분야별로 전문가들의 자문을 거쳐 마련한 3개년 종합계획은 '에너지 낭비 줄이기', '자원 재활용', '친환경·신재생 에너지 시설 조성' 등의 내용을 담고 있다.

이 사업은 체험, 공감, 공유를 기본 방향으로 하여 단계별로 추진할 계획이며, 12일 10시에 문화대 '재미있는 친환경캠퍼스' 행사를 통해 '친환경캠퍼스' 사업을 본격적으로 시작할 예정이다. 이날 행사에서는 '대학생 녹색봉사단과 대학 내 재활용센터 소개'와 '음식물쓰레기 감축 1일 체험행사'가 함께 진행된다. 자원낭비 및 절감 인식을 공유하기 위해 10일과 11일 이틀 동안 화장실, 식당, 도서관을 제외한 교내 전 구역에 대하여 청소를 하지 않은 후, 교내 구성원 모두가 참여해 청소하는 '문화대 대청소날' 행사도 실시할 계획이다.

특히 '교내 쓰레기 안 치우기' 행사를 통해 이틀 동안 발생한 쓰레기를 운동장에 모두 모아 얼마나 많은 양의 쓰레기가 발생하는지를 체험하고 공감할 수 있는 행사를 마련할 예정이다.

대학 측이 밝힌 친환경캠퍼스 조성 계획에 따르면 2년 후까지 에너지 사용량을 현재 대비 20% 줄이기 위해 건물별, 용도별 절감 목표를 세우는 한편, 내년까지 모든 건물의 조명을 에너지 절감 효과가 큰 고효율 LED[5)]조명으로 모두 바꾸고 태양광 시설도 확충한다. 또 빗물을 모을 수 있는 시설을 설치해 조경, 소방, 청소용수로 활용하며 음식물 쓰레기를 줄이기 위해 학교식당의 퇴식구를 폐쇄하고 '빈 그릇 운동'을 전개할 계획이다.

문화대는 이러한 사업에 교내 구성원들이 자발적으로 참여하게 하기 위해 에너지 절감 비용을 학생들에게 돌려주는 '녹색장학금' 제도도 함께 만들었다.

5) 'LED' [Light Emitting Diode] : 발광다이오드. 빛을 내는 반도체로 낮은 전력소비(백열등의 1/6), 긴 수명(백열등의 8배), 친환경적 특성(수은 등 유해물질 미함유)으로 각종 조명등, 자동차 등 다양한 분야에서 사용된다.

Ⅰ. 어휘를 공부해 봅시다.

1. 밑줄 친 어휘와 관계있는 것을 고르십시오.

모색하다	추진하다	확충하다	폐쇄하다	전개하다

1) 모색하다 : 새로운 방법을 ~, 외국 진출을 ~, 평화적 해결을 ~
   ① 찾다 ② 제안하다 ③ 해결하다
2) 추진하다 : 사업을 ~, 수도 이전을 ~, 지역 개발을 ~
   ① 널리 알리다 ② 발전시키다 ③ 밀고 나아가다
3) 확충하다 : 시설을 ~, 도로를 ~, 예산을 ~
   ① 설치하다 ② 고쳐서 사용하다 ③ 늘리고 넓히다
4) 폐쇄하다 : 출입구를 ~, 정문을 ~, 공항을 ~
   ① 막아 버리다 ② 열어 놓다 ③ 치우다
5) 전개하다 : 일을 ~, 이야기를 ~, 캠페인을 ~
   ① 홍보하다 ② 시작하여 벌이다 ③ 계획을 세우다

2. (   )에 알맞은 어휘를 쓰십시오.

자문	신재생 에너지	조성	공유	감축	절감

1) 정부는 학계의 (   )을/를 통해 환경 보호 구역을 정했다.
2) 운전자가 부드럽게 출발하는 습관만 가져도 연료를 30% 이상 (   )할 수 있다.
3) 인터넷 덕분에 물리적으로 멀리 떨어져 있는 사람들도 정보를 서로 전달하고 (   )하며 공동 작업을 할 수 있는 환경이 가능해졌다.
4) 작은 정부를 지향하는 대통령 당선자는 내년 중 공무원 10만 명을 (   )할 예정이라고 밝혔다.
5) 부산시는 주택 부족 문제를 해결하기 위해 부산 근교에 새로운 대규모 주택 단지를 (   )하기로 했다.
6) 에너지 자원은 한정되어 있는데 반해 에너지 소비가 급격하게 늘면서 수소 에너지, 태양 에너지와 같은 친환경적이고 재생 가능한 (   )에 대한 관심이 높아지고 있다.

3. 친환경과 관련된 어휘입니다. ________에 알맞은 어휘를 쓰십시오.

오염되다	유해하다	천연	중금속	유기농	분리수거

얼굴을 하얗게 해주는 미백 기능을 가진 수입화장품에 인체에 1)______________는/은/ㄴ 수은(Hg)과 같은 2)______________이/가 기준치 이상 들어있다는 보도가 나온 후 친환경화장품이 관심을 끌고 있다. 그런데 화학비료와 농약을 쓰지 않고 기른 3)______________ 식물 재료로 만든 4)______________화장품은 화학방부제를 넣지 않아 변질되기 쉬우므로 제조일자, 개봉일자, 유통기한을 자주 확인해야 한다. 화장품을 다 쓴 후 버릴 때도 용기의 재질에 따라 플라스틱이나 유리 등으로 5)______________이/가 될 수 있게 구분해서 내놓아야 한다. 그리고 화장품 용기를 버리기 전, 용기 안의 내용물은 깨끗이 닦아내서 비워 둬야 한다. 화장실 변기나 하수구로 바로 버리면 수질이 6)______________을/ㄹ 수 있기 때문이다.

II. 글을 읽고 질문에 답해 봅시다.

1. 글의 제목으로 알맞은 것은 무엇입니까? (　　　)

① 쓰레기 줄여서 녹색캠퍼스로!　② 친환경캠퍼스, 우리가 앞장선다
③ 친환경캠퍼스, 우선 청소부터　④ 자원 재활용해 녹색장학기금 조성

2. 글의 내용과 같으면 O표, 다르면 X표 하십시오.

1) 문화대학은 앞으로 3년 동안 캠퍼스 내에 녹지공간을 충분히 조성할 것이다. (　　　)
2) 문화대학은 환경문제에 대해서 교내 구성원들이 함께 느끼고 경험해 보는 행사를 준비할 계획이다. (　　　)
3) 문화대학은 2년 후까지 모든 건물의 에너지 사용량을 현재보다 20% 줄일 것이다. (　　　)
4) 문화대학은 학생들이 학교식당에서 식사를 할 때 반찬을 남기지 않도록 유도하려고 한다. (　　　)

3. 문화대학은 저장한 빗물을 어떻게 활용할 계획입니까? 쓰십시오.

III. 친환경에 대해서 이야기해 봅시다.

1. 주변에서 볼 수 있는 친환경 제품들에 대해서 이야기해 보십시오.

2. 자연을 지키며 건강하게 살아가기 위해서 우리가 생활 속에서 실천할 수 있는 것으로 무엇이 있을까요? 각각의 예를 쓰십시오.

대체상품 사용	
재활용품 이용	
재생용품 구매	
에너지 절약 운동	
기타	

3. 2번에서 정리한 내용을 바탕으로 친환경적인 삶을 살 수 있는 생활 속의 실천방법에 대해 발표하십시오.

Ⅳ. 이야기를 듣고 질문에 답해 봅시다. MP3 CD:28

1. 이야기의 중심내용으로 알맞은 것을 고르십시오. (　　　)

① '친환경'이란 무엇인가?
② '친환경 세제'와 '천연 세제'는 어떻게 다른가?
③ 자연을 오염시키지 않으려면 어떻게 해야 하나?
④ 건강하게 살아가기 위한 생활 속의 실천 방법들은 무엇인가?

2. 이야기의 내용과 같으면 O표, 다르면 X표 하십시오.

1) '친환경'이란 말은 아직은 우리 생활과 거리가 먼 말이다. (　　　)
2) '친환경'은 인체와 환경에 덜 해롭다는 의미로 사용된다. (　　　)
3) '친환경 제품'은 '천연 제품'이라 말할 수 있다. (　　　)
4) 여자는 앞으로 물건을 살 때 내용물을 꼼꼼히 확인할 것이다. (　　　)

3. 사람들이 친환경 제품을 자발적으로 많이 구매하게 하려면 어떤 전략이 필요할까요?

제29과 북극 얼음 면적 최소치 기록

학습 목표

지구 온난화에 대한 이야기를 듣고 이해할 수 있다.

과제 및 활동

온난화를 막는 방법에 대해 이야기하기.

▶ 사진의 장소는 어디일까요?

▶ 무슨 일이 일어난 것 같습니까?

▶ 사진에서와 같은 일들이 왜 일어날까요?

새 어휘

심상치 않다
북극해
면적
초월하다
관측되다
최저치
온난화
두께
기상
반사시키다
냉각기
경고하다

Ⅰ. 어휘를 공부해 봅시다.

1. ________에 알맞은 어휘를 쓰십시오.

북극해	면적	최저치	온난화	두께	기상	냉각기

1) ____________ : 넓이.
2) ____________ : 날씨.
3) ____________ : 두꺼운 정도.
4) ____________ : 가장 낮은 값.
5) ____________ : 북극 주변의 바다.
6) ____________ : 차게 만드는 기계.
7) ____________ : 지구의 기온이 높아지는 현상.

2. ________에 알맞은 어휘를 쓰십시오.

심상치 않다	관측되다	초월하다	반사시키다	경고하다

판문점 답사를 다녀왔다. 일행 중 한 명의 말에 의하면 북측 경비구역에서 얼마 전 1)____________는/은/ㄴ 움직임이 2)____________었다고/았다고/였다고 한다. 이에 우리 측에서는 그 어떤 도발도 용납하지 않겠다고 북측에 3)____________었다는/았다는/였다는 것이다. 기사화되지는 않았지만 답사 시기가 좋지 않다는 생각이 들었다. 임진강을 지날 때에는 구름 한 점 없는 하늘에서 햇빛이 한창 내리쬐고 있었다. 대한민국의 국민에게 임진강은 남북분단의 상징이지만 햇빛을 4)____________으며/며 유유히 흐르는 강물은 남과 북의 갈등과 서로 다른 정치이념을 5)____________는/은/ㄴ 듯 보였다.

3. 온난화와 관련된 어휘입니다. 설명으로 맞는 것을 연결하십시오.

1) 온실효과 •
2) 해수면 상승 •
3) 기상이변 •
4) 온실기체 •
5) 사막화 •

• 가) 지구 온난화로 바다의 표면이 올라가는 현상.
• 나) 태양에서 받은 에너지를 대기 중의 온실기체가 흡수해서 대기의 온도가 상승하는 현상.
• 다) 이상고온, 이상저온 등 지구 온난화로 평상시의 기후 수준을 벗어난 기상현상.
• 라) 가뭄과 인간의 과도한 개발로 숲이 사라지고 땅이 사막으로 변해가는 현상.
• 마) 지구의 대기 속에 존재하며, 땅에서 복사되는 에너지를 일부 흡수함으로써 온실효과를 일으키는 수증기, 이산화탄소 등의 기체.

II. 이야기를 듣고 질문에 답해 봅시다. MP3 CD:29-1~6

1. 듣고 무엇에 대한 이야기인지 말해 보십시오.

2. 이야기를 부분별로 듣고 질문에 대한 답을 쓰십시오.

1) 올해 북극해의 얼음은 1979년부터 2000년까지의 평균과 비교해 얼마나 감소했습니까?

____

2) 북극해의 얼음이 얇아지면 어떻게 됩니까?

____

3) 북극해의 얼음은 지구에서 어떤 역할을 하고 있습니까?

____

3. 다시 듣고 들은 내용과 같으면 O표, 다르면 X표 하십시오.

1) 1979년부터 북극해 면적을 기록하기 시작했다. ( )
2) 북극해 얼음 면적은 겨울에도 줄어든다. ( )
3) 현재 배로 북극해를 건널 수 있다. ( )
4) 전문가들은 2050년이 되기 전에 북극해의 얼음이 녹을 것이라고 예상한다. ( )

III. 지구 온난화에 대해 이야기해 봅시다.

1. 다음이 무엇인지 이야기하고 지구 온난화와 어떤 관계가 있는지 말해 보십시오.

온실기체	온실효과	이상기온	사막화
해수면 상승	숲 파괴	오존층 파괴	생태계 변화

2. 위의 어휘를 이용하여 지구 온난화의 원인과 피해를 정리하고, 자신이 알고 있는 피해의 사례를 구체적으로 이야기해 보십시오.

지구 온난화의 원인	
지구 온난화의 피해	
지구 온난화의 피해사례	

3. 지구 온난화를 막는 방법에 대해 이야기해 보십시오.

Ⅳ. 글을 읽고 질문에 답해 봅시다.

북극해를 덮고 있는 얼음의 면적이 또 사상 최소 기록을 깼다. 환경 전문가들은 온난화로 인해 북극해 얼음이 감소하면서 이것이 다시 온난화 속도를 높이는 악순환을 만들어 인류에게 재앙을 가져올 것이라고 경고하고 있다.

반면 북극해의 얼음이 녹으면서 엄청난 양의 자원을 개발하려는 세계 각국의 경쟁이 뜨거워지고 있다. 이러한 경쟁은 외교전을 넘어서 군사적 차원에 이르고 있다. 러시아의 경우 잠수정을 북극점 아래 4㎞ 해저로 보내 티타늄으로 만든 러시아 국기를 꽂아 자신들의 영토임을 주장하는가 하면 캐나다도 북극 지역에 부대를 신설하고 천여 명의 병력을 파견해 훈련을 실시하고 있다.

북극해에는 지구의 원유와 가스 자원의 20% 가량이 묻혀 있지만 그동안 얼음 때문에 접근과 개발이 어려웠다. 그러나 얼음이 녹으면서 접근이 쉬워진 이곳에 정치 경제적인 영향력을 확대하려는 국가들의 발걸음이 빨라지고 있다. 특히 북극에 영토를 갖고 있지 않은 중국의 움직임이 빠르다.

중국 정부는 올해 8월 쇄빙선으로 북극해를 건너는 데에 성공했으며 북극이사회에도 접근을 시도하고 있다. 북극이사회는 노르웨이, 덴마크, 스웨덴, 핀란드, 미국, 러시아, 캐나다, 아이슬란드 등 북극 주변의 여덟 개 나라가 만든 기구로 북극의 자원 개발, 환경 보전에 큰 영향력을 갖고 있다. 이 사회는 정기적 회의를 통해 기후변화, 석유·가스, 북극항로 운송 등을 연구하고 관련 규범을 논의하고 있다.

중국 국가주석은 6월 북극이사회 회원국인 덴마크를 방문했으며 중국 총리도 4월 아이슬란드와 스웨덴이 포함된 유럽 4개국을 도는 등 회원국들과의 결속을 다졌다. 이후 중국 정부는 회원국들과 대규모 경제 및 무역 협정을 체결했다.

서방 국가들은 중국의 이런 움직임에 상당한 경계심을 가지고 지켜보고 있다.

1. 무엇에 대한 글입니까? (　　　　)

① 지구 온난화로 인한 재앙
② 중국의 국가 경제 개발 노력
③ 북극이사회의 환경 보전 사업
④ 북극해에 묻힌 자원 개발 경쟁

2. 북극해 자원 개발을 위한 중국의 노력으로 맞지 않는 것을 고르십시오. (　　　)

① 쇄빙선으로 북극해를 건넜다.
② 북극이사회의 회원국이 되었다.
③ 국가주석이 덴마크를 방문했다.
④ 북극이사회 회원국과 무역협정을 체결했다.

3. 북극해의 얼음이 녹으면서 생기게 되는 긍정적인 결과와 부정적인 결과에 대해 이야기해 보십시오.

제30과 되살아난 하천, 되돌아온 물고기

학습 목표

되살아난 하천에 대한 이야기를 듣고 이해할 수 있다.

과제 및 활동

수질오염을 줄이는 방법에 대해 발표하기.

▶ 여러분은 하천에서 물놀이를 하거나 물고기를 잡은 적이 있습니까?

▶ 여러분 나라의 하천과 강은 깨끗합니까?

▶ 여러분 나라에서는 해양 생태계를 보호하기 위해 어떤 노력을 합니까?

새 어휘

하천
성과
지점
서식
어종
산업화
밀집되다
공장폐수
생활하수
악취
결성하다
펼치다
신설되다
책정되다
완료되다

I. 어휘를 공부해 봅시다.

1. (　　　)에 알맞은 어휘를 쓰십시오.

하천	성과	지점	서식	산업화

1) 성산대교 남단을 지나 공항 쪽 700미터 (　　　　　　)에서 교통사고가 발생했다.
2) 이 지역에는 60여 종의 조류가 (　　　　　　)을/를 하고 있는 것으로 밝혀졌다.
3) 옛날의 동네 (　　　　　　)들은 물놀이도 하고 물고기도 잡을 정도로 깨끗했다.
4) (　　　　　　)으로/로 인해 생활은 편리해졌지만 환경파괴 등의 부작용도 많이 생겼다.
5) 사원 교육을 통해 얻은 가장 큰 (　　　　　　)은/는 사원들이 회사 일에 더욱 적극적으로, 그리고 자발적으로 참여하게 되었다는 것이다.

2. 밑줄 친 부분과 바꿔 쓸 수 있는 어휘를 골라 (　　　)에 쓰십시오.

밀집되다	펼치다	결성하다	책정되다	완료되다

1) 우리 동네에는 학원이 많은데 모든 학원들이 <u>한 곳에 모여있다.</u> (　　　　　　)
2) 이번 프로젝트가 회사에 중요한 만큼 엄청난 예산이 <u>정해졌다.</u> (　　　　　　)
3) TV뉴스에 의하면 3차 로케트 발사에 대한 준비가 <u>완전히 끝났다</u>고 한다. (　　　　　　)
4) 음식물쓰레기 처리 비용이 높아져서 우리 아파트 단지에서는 음식물 쓰레기 줄이기 캠페인을 <u>벌이기로</u> 했다. (　　　　　　)
5) 초등학교 앞에서 자주 일어나는 교통사고를 막고 아이들의 등하굣길을 보호하기 위해 어머니들이 봉사단을 <u>만들었다.</u> (　　　　　　)

3. 수질오염과 관련된 어휘입니다. ________에 알맞은 어휘를 쓰십시오.

폐기물	남획	해양투기	멸종	청정해역

인간이 바다로부터 끝없이 식량자원을 얻으려면 바다의 환경을 보호하려는 노력을 해야 한다. 하천과 바다를 오염시키는 것에는 폐수뿐만 아니라 비닐, 플라스틱, 음식물 쓰레기 등의 1)______________도 포함된다. 특히 산업폐수의 수은, 카드뮴과 같은 중금속은 물고기를 오염시켜 인간의 건강을 위협한다. 전에는 음식물 폐수를 바다에 버리는 것이 허용되었었으나 지금은 음식물 폐수의 2)______________이/가 금지되어 있다. 각 나라에서는 바다의 일정 지역을 3)______________으로/로 정해 놓고 수산자원을 보호하려는 노력을 하고 있다. 이 지역에서는 물고기를 마구 잡아들이는 4)______________을/를 자제하고 있다. 어종들이 5)______________되면 바다 생태계가 파괴되기 때문이다. 또한 기름을 유출할 수 있는 유조선이 이 지역을 통과하는 것도 금지하고 있다.

II. 이야기를 듣고 질문에 답해 봅시다. MP3 CD:30-1~6

1. 듣고 무엇에 대한 이야기인지 말해 보십시오.

2. 이야기를 부분별로 듣고 질문에 대한 답을 쓰십시오.

1) 하천에 살고 있는 물고기는 몇 종류입니까?

____

2) 안양의 하천이 죽음의 하천으로 불렸던 이유는 무엇입니까?

____

3) 하천을 성공적으로 복원하는 데에는 누구의 노력이 가장 컸습니까?

____

4) 앞으로 복원사업본부의 계획은 무엇입니까?

____

3. 다시 듣고 들은 내용과 같으면 O표, 다르면 X표 하십시오.

1) 조사 결과 여섯 개의 하천들이 모두 깨끗해진 것으로 나타났다. (　　　)
2) 70~80년대의 안양에는 공장과 인구가 밀집되어 있었다. (　　　)
3) 시민단체가 직접 복원사업본부를 만들었다. (　　　)
4) 복원사업본부에서는 규제를 강화해 나갈 것이다. (　　　)

Ⅲ. 수질오염을 줄이는 방법에 대해 이야기해 봅시다.

1. 수질오염의 원인은 어떤 것들이 있을까요?

2. 다음은 수질오염을 줄이기 위한 노력들입니다. 개인, 기업, 정부, 국제사회 중 주로 누가 할 수 있는 일인지 ✓표 하십시오.

수질오염을 줄이기 위한 노력	개인	기업	정부	국제사회
① 생활하수를 줄인다.				
② 기름이 유출되지 않도록 유조선에 대한 정비점검을 강화한다.				
③ 공익광고를 통해 수질오염의 심각성을 국민에게 알린다.				
④ 하수처리시설을 설치한다.				
⑤ 친환경 제품을 사용한다.				
⑥ 국제회의를 통해 어획량을 제한하는 협정을 맺는다.				
⑦ 음식쓰레기를 줄인다.				
⑧ 산업폐수, 기름 등을 유출하는 기업을 엄격하게 처벌한다.				
⑨ 수질오염을 줄이는 기업의 세금을 낮춰 준다.				
⑩ 공장폐수를 최소화한다.				
⑪ 일정 지역의 바다생태계가 복원될 때까지 어획을 금지하는 협약을 한다.				

3. 2번의 내용으로 수질오염을 줄이는 방법에 대해 발표해 보십시오.

Ⅳ. 글을 읽고 질문에 답해 봅시다.

바다의 날을 맞아 충청남도 태안에서는 오늘부터 일주일간 바다의 날 행사가 열린다. 행사 첫날인 오늘 개막식과 함께 해양환경포럼이 열렸다. 포럼 참여자들은 과거 기름유출 사고의 현장이었던 태안이 행사 개최지로 선정된 것은 의미있는 일이라며 해양생태계 보호의 중요성을 역설했다.

태안 앞바다에서는 유조선과 해상 크레인이 충돌해서 대량의 기름유출 사고가 발생했었다. 당시 유출된 기름의 양은 기름유출 사고 가운데 최대 규모였으며 이를 복구하기 위해 전국에서 자원봉사자 120만 명을 포함해 200만 명이 넘는 인력이 동원됐다. 이러한 기름유출 사고가 바다를 오염시키는 주범 중 하나라고 포럼 참여자들은 지적했다. 현재 80~90% 가량 회복되었다고 하나 전문가들은 생태계 파괴가 여전한 것으로 보고 있다.

포럼 참여자들은 바다 환경을 위협하는 다른 요소로 해양자원 남획과 해양폐수 및 폐기물 문제를 꼽았다. 전 세계 어선 수는 해양자원을 지속적으로 이용하는 데에 필요한 어선 수보다 250배나 많다고 한다. 또 대형 어선들은 해저 2,000미터까지 그물을 내려 깊은 바다 속 물고기까지 싹쓸이하고 있다. 이러한 해양자원의 무분별한 남획으로 해양자원의 양과 어종이 점차 줄어들면서 해양생태계에 큰 해를 입힌다고 한다.

가장 심각한 문제는 해양폐수와 폐기물이라고 포럼 참여자들은 입을 모았다. 각 가정의 생활하수, 공장과 산업 시설이 버리는 폐수, 농업용 비료, 살충제 등 바다에 버려지는 폐수와 비닐봉지, 음료수 병 등의 플라스틱 폐기물들이 해양생태계를 심각하게 위협하고 있다는 것이다. 북태평양에는 이러한 쓰레기들이 모여 한반도의 7배 크기에 달하는 '쓰레기섬'이 만들어졌다고 한다. '플라스틱 아일랜드'로도 불리는 이곳은 세계 각국의 해양쓰레기가 섬처럼 모인 곳을 말하는데 작은 플라스틱을 먹이로 알고 먹는 수많은 해양생물들이 죽어가고 있다.

포럼에서는 해양오염 문제가 전 인류의 생존과 직결되는 것이므로 국가 간 협조를 통해 구체적인 협약을 이끌어낼 필요가 있다고 강조했다.

1. 중심 내용은 무엇입니까? (　　　)

① 해양생태계의 변화
② 해양폐수의 처리방식
③ 해양오염의 해결 방법
④ 해양오염의 원인과 폐해

2. 글의 내용과 같으면 O표, 다르면 X표 하십시오.

1) 기름유출은 해양오염문제 중 가장 심각한 문제이다. (　　　)
2) 너무 많은 어선과 너무 깊은 바다에서의 조업이 해양생태계를 위협한다. (　　　)
3) 쓰레기섬의 쓰레기는 바다에 떠 있으므로 바다 속 물고기에게 직접적인 피해를 주지는 않는다. (　　　)

3. 해양생태계를 보호하기 위해 국가 간에 어떤 협조와 협약이 필요하다고 생각합니까?

부록

- 듣기 지문
- 모범 답안
- 참고 자료
- 어휘 색인

듣기 지문

제1과 MP3 CD:01

앵커 : 대통령 선거를 앞두고 수많은 공약들이 쏟아지고 있어 유권자들은 진실함과 현실성이 없는 공약을 골라내기가 매우 어렵습니다. 오늘은 유권자들의 현명한 선택을 돕기 위해 '한국매니페스토 실천 본부'의 이광재 총장을 연결해 조언을 들어보도록 하겠습니다. 이광재 총장님!

총장 : 네, 안녕하십니까? 이광재입니다.

앵커 : 총장님! 최근 특정 후보들에 대한 낙선운동을 벌이고 있어 화제가 되고 있는데요, 어떤 공약이 나쁜 공약인가요?

총장 : 음, 선거 전에 한 말 다르고 선거에서 하는 말 다른 공약이 대표적인 나쁜 공약이라 할 수 있습니다. 둘째는 매우 많은 비용이 드는 정책을 내놓으면서도 비용 문제는 어떻게 해결할지 구체적인 계획이 없는 공약입니다. 그리고 셋째는, 산타클로스가 선물하듯이 이것저것 다 해준다고 약속하는 공약입니다. 이러한 공약보다는 이것만은 꼭 하겠다는 책임 있는 공약이 더 믿음이 가지요.

앵커 : 선거 바로 직전에 나오는 공약에 대해서는 어떻게 생각하십니까?

총장 : 사실 그런 공약이 제일 나쁩니다. 사업의 실천가능성과 실천과정에서 생길 수 있는 여러 가지 문제점들을 충분히 검증할 수 있는 시간을 주지 않기 때문입니다. 또한, 이미 진행되고 있는 정책을 새로운 자신의 것처럼 포장해 유권자를 속이는 공약 역시 나쁜 공약입니다. 이러한 공약은 선거 이후에 책임성이 떨어지기 마련이지요.

앵커 : 마지막으로 유권자들에게 한 말씀 해 주시지요.

총장 : 유권자 여러분! 현명한 유권자의 선택이 늘 우리 사회의 잘못된 점을 바로잡아 왔습니다. 여러분들이 지지하는 후보가 선출될 수 있도록 절대 기권하지 마시고 투표에 적극 참여해 주시길 부탁드립니다.

앵커 : 네, 도움 말씀 감사드립니다.

제2과 MP3 CD:2-1~5

1. 사회자: 현재 우리나라의 대통령은 5년간 임기를 끝내면 다시 대통령이 될 수 없는 5년 단임제입니다. 그런데 최근에 대통령의 임기에 대해 개헌이 필요하다는 의견들이 나오고 있는데요. 오늘은 대한대학교 임수환 교수님을 모시고 그 이야기를 들어보도록 하겠습니다. 교수님, 개헌에 대한 이야기가 나온 배경은 무엇입니까?

   교수 : 5년 단임제는 과거 우리의 정치 수준이 지금보다 낮았을 때 한 사람의 독재와 장기집권을 막기 위해서 나온 제도입니다. 하지만 지금은 정치 상황이 많이 달라졌기 때문에 시대에 맞지 않습니다.

2. 사회자: 5년 단임제의 문제점이 무엇인지 또 어떤 방향으로 바뀌어야 하는지 말씀해 주십시오.

   교수 : 우선, 국가 경영에 연속성이 없습니다. 대통령이 장기적 계획을 추진하기 어렵기 때문에 국가 발전에 장애가 됩니다. 5년이라는 시간은 웬만한 국가적 계획을 추진하기에는 매우 짧고 더구나 임기 말기에는 레임덕 현상 때문에 대통령의 힘이 약해집니다. 이런 상황에서 어떻게 국가 경쟁력을 키우겠습니까? 두 번째로 5년 단임제에서는 대통령의 비리가 나타나기 쉽습니다. 대통령을 한 번 하고 끝내기 때문에 검은 돈의 유혹에 빠지기 쉽다는 거지요. 하지만 중임제에서는 대통령이 중간평가를 받아 다시 당선될 가능성이 있기 때문에 국가에 대한 책임의식도 높아지고 비리도 줄어듭니다. 이런 이유들로 여야 정치인들 사이에서도 4년 중임제로 개헌해야 한다는 의견이 많아지고 있습니다. 물론 중임제에서도 레임덕 현상이 안 나타나는 건 아닙니다만 국가 정책이 지속적으로 추진될 가능성은 훨씬 높아집니다.

3. 사회자: 하지만 4년 중임제도 위험성이 있을 것 같은데요. 오히려 8년으로 연장될 경우 대통령이 너무 큰 힘을 가지게 되는 건 아닐까요?

   교수 : 물론 그런 점들은 보완을 해야지요. 행정부, 의회, 총리에게 권력을 분산하거나 부통령제를 도입하는 방법 등이 있습니다. 충분한 연구를 통해 최선의 방법을 찾아야지요.

   사회자: 네, 개헌을 하려면 국민적 공감을 얻는 것이 무엇보다도 중요하다고 봅니다. 오늘 말씀 감사합니다.

제3과 MP3 CD:03

사회자 : 요즘 폴리페서라는 말이 많이 들리는데요, 폴리페서란 폴리틱스(politics)와 프로페서(professor)를 조합해 만든 신조어로 정치에 참여하는 교수들을 의미합니다. 이번 선거에서는 각 후보들의 캠프에 들어간 교수들이 500명을 넘었다고 하는데 이런 현상을 어떻게 봐야 하는지 오늘 말씀을 해 주실 두 분 모셨습니다. 정치평론가이신 이창섭 박사님과 현성대학교 정치학과 교수이신

문지연 교수님 나오셨는데요. 먼저 이창섭 박사님. 어떻게 생각하십니까?

평론가 : 네, 저는 이런 현상을 매우 바람직하지 않다고 봅니다. 말이 500명이지 어떤 방법으로든 선거 캠프에 참여하는 교수의 숫자는 1,000명에 이르는 걸로 알고 있습니다. 교수란 끊임없이 연구를 해야 하는 학자이고 또 학생들을 가르치는 교육자입니다. 그런데 정치 쪽에서 오라고 하면 수업과 학생은 어떻게 되든 달려 나가 정부의 높은 자리에 앉아 보려는 교수들이 많습니다. 사회에서 영향력 있는 사람으로 인정받고 싶은 욕심 때문인데 이런 것은 학자로서의 의무를 스스로 포기한 것이고 또 힘들게 대학에 들어와 비싼 등록금을 내고 공부하는 학생들에 대한 도리가 아니라고 봅니다.

사회자 : 문지연 교수님은 어떻게 보십니까?

교수 : 학자의 가장 큰 의무는 진리 탐구입니다. 하지만 저는 교수들도 더 나은 세상을 위해 사회에 참여할 의무가 있다고 생각합니다. 많은 분들이 정치에 참여를 하다 보면 수업을 제대로 못하는 것 아니냐고 걱정들을 하시는데, 그건 지금의 대학 현실을 모르기 때문에 하는 말들입니다. 교수들의 연구 활동이나 학생들로부터 받는 수업 평가가 일정한 수준에 미치지 못하면 학교에서 쫓겨날 수도 있습니다. 하지만 제 생각에도 교수가 정치 참여를 통해 정부의 높은 자리를 차지하려는 것은 잘못된 생각이라고 봅니다. 사람들이 더 나은 삶을 살 수 있도록 끊임없이 고민하고 연구하면서 정치인들이 더 좋은 정책을 만들 수 있도록 돕는 것이 교수들의 바람직한 정치 참여라고 할 수 있겠습니다.

제4과 MP3 CD:04

사회자 : 여러분 기부천사 하면 누가 떠오르십니까? 오늘은 기부천사이신 가수 김정훈 씨를 모시고 이야기 나눠 보겠습니다. 안녕하세요? 먼저 축하드립니다. 김정훈 씨의 기부활동이 미국에서도 인정을 받으셨는데요. 이번에 미국 공연 도중에 미국 정부로부터 대통령 봉사상을 받으셨지요? 어떻게 그런 상을 받게 되셨는지요?

가수 : 네, 저도 갑자기 상을 받게 돼서 당황스러웠습니다. 제가 지난달부터 미국 공연을 하면서 받은 출연료를 백 퍼센트 현지에 기부했는데 그래서 이런 상을 주신 게 아닌가 합니다.

사회자 : 중국 공연으로 버신 돈도 중국 환경보호를 위해 기부했다고 들었습니다.

가수 : 처음부터 해외 공연으로 돈을 벌겠다는 생각은 하지 않았습니다. 어떻게 쓰는 것이 좋을까 생각하다가 중국 사막화를 막는 사업을 벌이면 좋겠다고 생각했어요. 황사 때문에 한국도 피해를 입고 있으니까 나무 심는 사업을 진행하면 좋겠다는 생각이 들었습니다. 물론 저뿐만 아니라 중

국 연예인들과 함께 해 나갈 계획입니다.

사회자 : 지금까지 한국에서도 꾸준히 기부를 해 오셨는데, 모두 150억 원에 달한다는 것이 사실입니까?

가수 : 공연 출연료, 광고 출연료 등 돈이 생기는 대로 10년 정도 기부를 하다가 보니 그렇게 된 것 같습니다.

사회자 : 그렇게 많이 기부를 하시면서 본인 소유의 집도 없이 월세로 사신다고 들었는데 언제까지 이런 기부활동을 하실 생각이신지요?

가수 : 죽을 때까지 기부를 멈추지 않을 생각입니다. 제 행동을 사회에서 어떻게 보는지는 중요하지 않습니다. 저는 이미 팬들로부터, 사회로부터 많은 사랑을 받았습니다. 제가 보답하는 길은 제가 할 수 있는 최선을 다해서 조금이라도 더 많은 사람들이 행복해질 수 있도록 노력하는 겁니다.

제5과 MP3 CD:05-1~6

1. 앵커 : 전 세계적으로 각종 강력범죄들이 증가하고 있는 가운데 우리나라에서도 최근 강력사건들이 잇따라 발생해 국민들의 불안감이 높아지고 있습니다. 지난 7월 강원도에서 30대 주부가 여행 중에 성폭행을 당한 뒤 살해된 데 이어, 전남 나주에서도 지난달 20일과 30일 열흘 간격으로 금품을 노린 살인 사건이 발생했습니다. 이와 관련하여 사형집행에 대한 찬반 논란이 뜨겁습니다.

2. 한 여론조사기관이 성인남녀 850명을 대상으로 조사한 결과에 따르면 10명 중 약 8명은 사형집행에 찬성한다고 답했습니다. 사형집행에 반대하는 응답자가 12%뿐이어서 최근 강력범죄에 대한 국민적 분노를 알 수 있었습니다. 또한 강력범죄의 처벌 수준에 대해 응답자의 89%가 처벌 수준이 약하다고 답했으며 미성년자를 대상으로 한 성범죄의 처벌 방법으로는 37%가 '사형'을 선택했습니다.

3. 한편 정치권에서도 강력범죄에 대한 대응책으로 사형집행론 등이 논의되고 있는데 여당의 박영숙 의원은 4일 기자들과의 오찬 간담회에서 사형집행 논란과 관련해 "사형 자체가 좋다는 것은 아니지만 한 사람의 인생을 망치고 그 가족들에게 엄청난 피해와 고통을 주는 범죄는 엄벌에 처해야 한다"며 "정말 인간이기를 포기한, 도저히 받아들일 수 없는 일이 벌어졌을 때 그러한 범죄를 저지른 사람은 죽을 수 있다는 경고 차원에서도 사형제도는 있어야 한다"고 자신의 견해를 밝혔습니다. 또한 사형제도는 신중하게 고려할 일이지 폐지할 일이 아니라고 덧붙였습니다.

4. 이에 대해 야당의 이명진 대변인은 논평에서 "1997년 이래 단 한 건도 사형을 집행한 일이 없어서 사실상 사형폐지국으로 인정받고 있다"며 "억울한 죽음이나 정치적 죽음이 생길 수 있고 사형수에게도 반성할 기회는 줘야 하므로 박 의원은 사형 집행 논의를 즉각 철회하기 바란다"고 비판했습니다.

제6과 MP3 CD:06-1~7

1. 앵커 : 서울시청 앞 광장에서 매주 수요일마다 오후 12시부터 1시 사이에 '3분시민이야기마당'이 열리고 있습니다. 지난 2일에 처음 시작해서 오늘까지 총 3차례가 열렸는데요, 실제로 정책을 세우는 데 시민들의 의견을 참고한다고 하니 반응도 좋다고 합니다. 한 번 들어보시지요.

2. 시민 : 안녕하십니까? 저는 대학원에서 정부의 노인정책에 대해 연구하고 있는 박은수라고 합니다. 저는 오늘 저출산·고령화에 대해서 이야기해 볼까 합니다. 여러분, 저출산·고령화 사회가 우리 경제에 어떤 영향을 미칠지 생각해 본 적이 있습니까? 먼저 우리나라 출산율부터 살펴보겠습니다. 10여년 전부터 출산율이 급격히 저하되어 올해 출산율은 보건복지부 예상 0.96명이라고 합니다. 유엔(UN)의 세계인구보고서에 따르면 우리나라의 출산율은 세계 186개국 중 184위라고 합니다. 매우 낮은 편이지요.

3. 다음은 고령화에 대한 이야기입니다. 유엔에서는 65세 이상을 '노인'이라고 하는데요, 노인인구가 전체인구의 7%가 넘으면 고령화 사회입니다. 이미 우리나라는 수년 전에 7%를 훨씬 넘었습니다. 지금과 같은 추세라면 2049년에는 전체 인구의 40%가 노인이 될 거라고 합니다.

4. 그렇다면 저출산·고령화 사회의 문제점에 대해서 말씀드리겠습니다. 우선 경제활동인구가 줄어들게 되고 경제활동인구의 고령화로 인해 소비가 급격히 감소하게 됩니다. 또한 다음 세대의 경제활동인구들도 고령자들을 부양해야 하는 부담이 커져서 소비 여력이 떨어집니다. 시장은 수요와 공급에 의해 움직이는데 수요가 생기지 않으니 인구 감소는 곧 경제위기로 이어지게 됩니다.

5. 여러분, 이러한 문제를 해결하기 위한 근본적인 방법은 바로 출산을 장려하여 경제활동인구를 늘리는 것입니다. 아이를 낳아 편하게 키울 수 있는 사회를 만드는 것이 바로 저출산·고령화 사회를 막는 길입니다. 그러므로 우리는 육아와 가사노동이 여성에게 지나친 부담이 되는 것은 아닌 지 생각해 봐야 합니다. 그리고 정부는 출산을 장려하기 위해 육아휴직 등과 같은 다양한 사회제도를 마련해야 할 것입니다. 이상입니다. 감사합니다.

제7과 MP3 CD:07

사회자 : 오늘은 여성지도자론을 내세우신 김민성 의원을 모셔 봤습니다. 김 의원님, 여성지도자론을 간단하게 말씀해 주시겠습니까?

의원 : 네, 미국 컬럼비아대가 지난 3월 발표한 국가행복지수 10위 안에 든 북유럽의 복지국가 스웨덴, 핀란드, 노르웨이, 아일랜드 4개국의 공통점은 모두 훌륭한 여성 지도자를 통해 선진복지국가가 된 나라들이라는 점입니다. 이처럼 우리나라도 우리 당의 후보가 대통령이 된다면 대한민국의

품격을 한 단계 높일 수 있다는 것입니다.

사회자 : 어떤 여성분들이 어떤 정치를 펼쳤나요?

의원 : 네, 노르웨이 그로 할렘 브룬틀란 전 총리, 핀란드의 타르야 할로넨 전 대통령, 아일랜드 메리 로빈슨 전 대통령 등인데 이 분들은 탄탄한 복지제도를 구축해서 국민행복지수가 가장 높은 나라를 만들었습니다. 스웨덴 같은 경우는 이미 17세기에 크리스티나 여왕이 지도자가 되어 나라를 세계적인 문명국으로 발전시키기 시작했고 유럽에서 가장 먼저 튼튼한 복지국가제도를 구축했지요.

사회자 : 이런 여성 정치 지도자들이 북유럽 국가를 세계 최고의 행복한 나라로 만들 수 있었던 힘은 뭐라고 생각하십니까?

의원 : 여성 지도자들은 출산과 육아, 노후 보장 등 사회복지 분야에 더 큰 관심을 두고 삶의 질 향상을 중시합니다. 또 세계적으로 여성 정치인이 남성 정치인에 비해 정치적 도덕성이 더 높다는 통계자료가 있습니다. 이렇듯 여성들은 남성 정치인들에 비해 성실하게 국가를 위해 노력합니다.

사회자 : 세계적으로 여성 지도자가 많아지고 있는 추세지요?

의원 : 네, 최근 5년 동안 유럽뿐만 아니라 아시아, 남미 등 16개국에서 여성이 대통령 또는 총리가 되면서 여성 지도자가 계속 증가하고 있습니다.

제8과 MP3 CD:08-1~6

1. 앵커 : 남녀공학이 원칙인 미국에서 성(性)별 분리교육이 도입될 예정입니다. 미국 행정부는 공립학교에 남녀 분리교육을 권장하기로 결정했다고 뉴욕타임즈가 10일 보도했습니다. 이에 따라 미국 교육부는 초·중·고 공립학교에 여학교 또는 남학교를 세우거나 한 학교 안에 여학생반, 남학생반을 자유롭게 운영할 수 있도록 관련 규정을 개정하겠다고 밝혔습니다.

2. 미국의 전체 공립학교 9만 1천여 개 중에 0.1%인 91개교만이 여학교 또는 남학교이거나 남녀공학 안에서 성별 분리수업을 하고 있습니다. 미국에서 성별 분리학교가 드문 이유는 인종과 성별을 분리하는 학교 설립을 금지하는 '반차별법' 때문이라고 합니다. 그러나 성적을 올려야 한다는 이유로 학부모와 학교의 성별 분리교육에 대한 요구가 점점 많아지자, 대통령 선거를 앞둔 정부가 유권자들의 마음을 얻으려고 이처럼 개정 결정을 내리면서 논란이 되고 있습니다. 김기영 기자를 연결해 보겠습니다.

3. 기자 : 네, 워싱턴입니다. 성별 분리교육에 찬성을 외치는 쪽은 대체로 중산층 이하 서민층 학부모입니다. 이들은 학비는 비싸지만 학생들의 성적이 우수한 사립학교처럼 남학교 또는 여학교에서 공

부할 수 있는 기회를 얻기를 원하고 있습니다. 이성에 대한 호기심이 매우 많은 10대 청소년기에 남녀공학을 다니면 주의가 산만해져 성적이 부진할 수밖에 없다는 것입니다. 이에 동조하는 학교 교사들은 남학생과 여학생이 실제로 관심사도 다르며 배우는 방식조차 다르기 때문에 분리 수업이 가르치기도 배우기도 편하다고 주장하고 있습니다.

4. 하지만 여성단체들은 정부의 결정에 반발하고 나섰습니다. 이들은 남녀분리수업이나 분리학교는 남녀 학생들에게 다른 방식으로 다른 커리큘럼을 제공해 결국에는 또 다른 차별을 낳을 것이라고 반박했습니다. 또 사립학교가 성적이 좋은 것은 '성별분리' 덕분이라기보다는 자녀에게 풍부하고 다양한 경험을 제공할 수 있는 부유층의 경제력 때문이라고 주장했습니다.

제9과 MP3 CD:09

앵커 : 헌법재판소가 담배를 피울 권리보다 담배로부터 자유로울 권리가 우선한다고 결정하자 오랫동안 흡연의 자유를 마음껏 누려온 흡연자들이 크게 반발하고 있습니다. 자세한 내용은 헌법재판소 앞에 나가 있는 김영진 기자를 연결해 들어보겠습니다. 김영진 기자.

기자 : 네, 저는 지금 헌법재판소 앞에 나와 있는데요, 헌법재판소는 오늘, 한국대학교 서준호 교수가 "공공시설에서의 흡연을 금지하는 법이 흡연자의 행복추구권을 침해한다"면서 제기한 헌법 소원에 대해 재판관 모두가 이 법이 헌법에 위배되지 않는다는 결정을 내렸습니다.

재판부는 "흡연으로부터 자유로울 권리인 혐연권은 헌법상 행복추구권이나 건강권 등을 고려할 때 흡연권보다 위에 있는 기본권"이라고 밝혔습니다. 또한 재판부는 "흡연권은 혐연권을 침해하지 않는 선에서 인정돼야 한다"고 덧붙였습니다.

또한 재판부는 "흡연이 흡연자 자신을 포함한 국민의 건강을 해치고 공기를 오염시킨다는 점에서 국민의 행복과 직접적으로 관계가 있기 때문에 흡연행위를 법률로써 제한할 수 있다"고 밝혔습니다.

앵커 : 김 기자! 재판부의 판결에 대한 서준호 교수 측의 반응은 어떤가요?

기자 : 네, 서 교수는 "지방자치단체 예산의 30%가량이 담배 관련 세금에서 나오고 있고, 흡연은 스트레스 해소 등 정신 건강에 긍정적인 역할을 하는데도 모든 흡연자를 범죄자로 취급해 불이익을 주는 관련법은 헌법에 위배된다"면서 재판부의 판결을 받아들일 수 없다고 합니다.

제10과 MP3 CD:10

사회자 : 안녕하십니까? 기말시험을 앞두고 공부할 게 많으실 텐데도 이렇게 토론 동아리 정기 모임에 참

석해 주신 여러분, 감사합니다. 오늘은 연예인의 사생활 침해 논란에 대해서 서로의 의견을 주고 받는 시간을 갖도록 하겠습니다. 우선 연예인의 사생활 공개는 과연 불가피한 것인가에 대해 자유롭게 말씀해 주세요.

남자 : 우선 연예인은 공인이기 때문에 어느 정도 사생활 공개가 불가피하다고 생각합니다.

여자 : 저는 생각이 좀 다릅니다. 연예인은 공인이 아니라 공인의 성격을 띤 유명인일 뿐이라고 생각합니다. 공인의 영향력을 갖지만 그들도 우리와 똑같은 인간으로서 사생활을 보호받을 권리가 있습니다.

남자 : 공인이냐 아니냐를 떠나서 직업적 면에서 바라보면 연예인이란 대중의 관심을 먹고 사는 직업이기 때문에 대중들이 알고 싶은 사생활에 대해서는 공개해야 한다고 봅니다.

여자 : 하지만 정말 공개를 원치 않았던 사생활이 공개되는 일은 없어야 합니다. 특히 연애나 결혼과 같은 민감한 문제들은 보호받아야 합니다.

사회자 : 그럼 언론 보도에 대한 문제로 넘어가서 연예인들의 사생활 보도에 대한 찬반 의견을 들어보겠습니다.

남자 : 저는 보도되는 데에 찬성합니다. 일반인이 결혼하고 이혼하는 것이 보도가 된다면 분명한 사생활 침해입니다. 하지만 연예인의 결혼이나 이혼 등이 기사화되는 것은 침해의 범위에 들어가지 않는다고 생각합니다.

여자 : 저는 반대입니다. 국민의 알 권리보다 우선시 되어야 하는 것이 개인의 존엄성이라고 생각합니다. 공개를 원치 않던 사생활이 공개됨으로써 상처를 받고, 우울증이나 자살로 이어지는 사례가 늘어 나고 있습니다.

사회자 : 지금까지 연예인들의 사생활 침해에 대한 양측의 의견을 들어봤습니다.

제11과 MP3 CD:11-1~6

1. 앵커 : 한창 주가를 올리고 있는 가수 제우스의 '지금 당장'에 대한 19금 판정이 취소되었습니다. 노래가 직접적으로 청소년에게 유해하지 않다는 결정 때문인데요, 오락가락하는 심의가 도마 위에 올랐습니다. 김미영 기자의 보도입니다.

2. 기자 : 2년 전, 제우스의 '지금 당장'은 가사 중에 '사랑은 독한 술', '웃기고 있네' 등 비속어와 술이 들어갔다는 이유로 청소년 유해매체물 판정을 받았습니다. 하지만 여성가족부는 오늘 재심의를 통해 제우스의 '지금 당장', 채윤희의 '불이야', 빅브라더스의 '소리 질러' 등에 대한 청소년 유해매체물 판정을 취소하기로 했습니다.

3. 여성가족부는 오늘 심의에서 지난해 새로 시행된 청소년 유해매체물 심의세칙을 적용했습니다. 심의세칙은 기존의 기준을 완화한 것으로, 술을 마시거나 담배를 피우는 것을 직접적 또는 구체적으로 권하거나 술을 마신 후의 폭력 행위 등을 정당화할 경우에만 유해하다는 판정을 받습니다. 이 세칙에 따르면 이번에 19금에서 해제된 노래들이 술을 마시거나 담배를 피우는 것을 구체적으로 권하거나 술을 마신 뒤 폭력 행위를 정당화했다고 보기 어렵다는 겁니다. 그러나 여성가족부는 제우스의 인기가 높아지면서 이전 곡들의 19금 판정에 대한 국민들의 불만의 목소리가 커지니까 뒤늦게 유해매체물 판정을 취소했다는 비난을 받고 있습니다.
4. 단순히 술이나 담배 같은 단어가 들어갔다고 19금 판정을 받는 데 대한 반발은 그동안 끊이지 않았습니다. 지난해 그룹 고스트의 노래 등 네 곡이 19금 판정을 받은 데 대해 소송이 제기돼 여성가족부가 패소하기도 했습니다. 전문가들도 전체적인 내용을 고려하지 않고 술이나 담배라는 단어가 들어갔다는 이유만으로 유해매체 판정을 하는 것은 생각 없는 문화행정의 사례라고 입을 모으고 있습니다. 여론에 밀려 심의 판정을 번복하는 대신 합리적인 심의 기준을 제대로 마련하는 일이 시급해 보입니다. KBC 김미영입니다.

제12과 MP3 CD:12-1~7

1. 앵커 : 아파트 공사현장에서 문화재가 출토되면서 주민들의 꿈이었던 재개발사업에 문제가 생기자 주민들이 유적 발굴 현장을 파괴하는 일이 벌어졌습니다. 주민들의 재산권행사와 문화재 보존문제를 놓고 벌어진 사건인데요. 김철호 기자를 연결해 자세한 상황을 들어보겠습니다.
2. 기자 : 네, 여기는 송파구 풍납동 초기백제유적발굴 현장입니다. 곳곳에 보상대책을 촉구하는 현수막들이 보이는데요, 각종 규제들 때문에 재산권 행사에 어려움을 겪는 주민들의 불만이 매우 크다는 것을 보여주고 있습니다. 시위 중인 주민 대표를 만나 주민들의 입장을 들어보겠습니다.
3. 주민 : 집값은 떨어지고, 이사도 못가고. 아니 우린 무조건 참고만 있어야 하나요? 도대체 누구를 위한 문화재 발굴입니까? 그렇지 않아도 우리 동네가 주변지역에 비해 낙후되었는데, 새 집도 마음대로 못 짓는 우리 처지를 누가 알겠어요? 어떤 사람들은 우릴 보고 '지역이기주의'라고 하는데 여기서 한 번 살아보면 그런 말이 안 나올 거예요. 정부가 문화재보호구역으로 지정했으면 제대로 보상을 해줘야 이사를 가든지 말든지 할 거 아니에요. 보상금은 다른 곳으로 이사를 가기에는 턱없이 부족하고 그것도 언제 나올지 모른다잖아요.
4. 기자 : 풍납토성은 그동안 정확한 위치를 알지 못했던 백제 초기의 수도인 위례성일 가능성이 매우 높은, 중요한 유적입니다. 그래서 학계는 이번 풍납토성 백제 유적지 파괴를 큰 충격으로 받아들이

고 있습니다.

5. 앵커 : 네, 우리의 소중한 문화재를 안전하게 발굴하여 우리의 역사를 지키는 것은 매우 중요한 일입니다. 하지만 수십 년간 풍납동을 터전으로 살아온 주민들의 재산권도 소중한 것이지요. 이제 정부는 풍납토성이 지역주민들의 자부심이 될 수 있도록 보다 현실적인 보상대책을 마련해줬으면 합니다.

제13과 MP3 CD:13

사회자 : 오늘 에너지의 날을 맞아 화석 연료의 대안으로 거론되는 원자력 에너지에 대해 말씀 나눠 보겠습니다. 먼저 한국대 원자력공학과의 홍은식 교수님.

교수 : 네, 한국은 지하자원이 부족해서 모두 수입에 의존하고 있습니다. 석유와 휘발유, 가스 등을 모두 수입해서 발전 연료로 사용해야 합니다. 이런 문제를 해결할 수 있는 것이 바로 원자력 에너지입니다. 원자력 발전소를 가동시켜 전기를 생산하는 데에는 비용이 많이 들지 않아서 싼 가격의 전기를 기업과 가정에 안정적으로 공급해 줄 수 있습니다. 또 원자력 에너지는 이산화탄소가 발생되지 않기 때문에 환경오염을 줄일 수 있지요. 안전성 이야기들을 많이 하시는데요. 방사능이 누출될 염려는 절대 없습니다. 다섯 겹의 벽이 방사능이 외부로 유출되는 것을 막고, 지진이나 외부 충격에 대비한 설계를 해 놓았기 때문입니다.

사회자 : 네, 다음은 반핵시민단체에서 나오신 박수진 대표님.

대표 : 교수님께서 원자력 에너지가 환경오염을 줄인다고 말씀하셨는데 환경을 가장 심각하게 오염시킬 수 있는 것이 원자력이라고 생각합니다. 원자력 에너지를 만드는 과정에서는 반드시 방사선과 방사성 폐기물이 생기는데 방사능이 누출되거나 방사성 폐기물이 잘못 관리될 경우 환경이 심각하게 오염돼서 주변의 동식물과 사람의 목숨을 위협하게 될 겁니다. 특히 원자력 발전소는 보통 바다 주변에 짓는데 폐열로 인해 바다와 바다 주변의 생태계가 오염됩니다. 원자력 발전소 건설에 비용이 많이 드는데 그 비용을 원자력보다 안전한 풍력, 태양력 등 친환경에너지를 개발하는 데에 투자해야 한다고 생각합니다.

제14과 MP3 CD:14-1~5

1. 강사 : 오늘은 재미있는 뇌의 착각에 대한 이야기를 해드리겠습니다. 상대에게 사랑을 고백하고 싶으면 무서운 놀이기구를 같이 타라는 말이 있습니다. 왜 그럴까요? 놀이기구를 타면 심장박동이

빨라집니다. 그때 남자가 여자에게 사랑 고백을 하면 여자는 자신의 심장이 두근거리는 이유가 남자 때문이라고 착각합니다. 사실은 놀이 기구를 탔기 때문에 심장박동이 빨라진 것인데 말이지요. 이런 게 뇌의 착각입니다.

2. 또 다른 예를 볼까요? 겨울에 회사의 인사과 직원들을 대상으로 실험을 했습니다. 인사과 직원 A에겐 따뜻한 음료, B에겐 차가운 음료를 마시게 한 후 회사에 지원한 사람들을 인터뷰하게 했는데 A가 B보다 더 많은 지원자들을 합격시켰다고 합니다. 자신의 몸이 따뜻해진 것이 따뜻한 커피 때문이 아니라 지원자들 때문이라고 착각한 겁니다. 반대로 B는 자신의 불쾌해진 몸 상태의 원인을 차가운 음료가 아닌 지원자들에게서 찾은 겁니다.

3. 일상생활에서는 충분한 시간과 정보가 없는데도 빨리 결정을 해야 하는 경우가 많습니다. 그리고 이럴 경우에 우리는 뇌의 착각에 속게 됩니다. 인간의 뇌엔 '느린 시스템'과 '빠른 시스템'이 존재합니다. 충분한 시간과 정보가 있다면 느린 시스템을 통해 현명한 선택을 할 수 있지만 빠른 선택이 필요한 경우 뇌는 빠른 시스템에 의존하게 됩니다. 인간의 뇌는 외부 세상의 정보보다는 자신의 몸 상태를 더 쉽게 관찰합니다. 그리고 뇌는 관찰된 몸 상태를 주변 세상에서 들어오는 정보들을 통해 해석하려고 합니다. 지원자의 합격 불합격 여부를 빨리 결정해야 하는 상황에서 뇌는 쾌적하거나 불쾌한 몸 상태를 쉽게 관찰하게 되고 자신도 모르게 그 원인이 눈앞의 지원자 때문이라고 착각하게 되는 거지요.

제15과 MP3 CD:15

사회자 : 안녕하십니까? '5분 토론'의 송준희입니다. 요즘 전 세계적으로 유전자조작농산물에 대한 소비자들의 우려가 커지면서 반대의 목소리도 점차 높아지고 있습니다. 오늘은 '풍년 종자'의 김미선 사장님과 환경운동연합의 이영수 대표님을 모시고 유전자조작농산물에 대한 견해를 들어보도록 하겠습니다. 두 분께서는 유전자조작농산물에 대해서 어떻게 생각하십니까?

사장 : 인구는 빠르게 증가하고 있는데 농사지을 땅은 충분하지 않고 이상 기온으로 인한 자연재해와 산업공해는 늘어서 식량부족현상은 현재는 물론 앞으로도 심각한 문제가 될 것입니다. 따라서 유전자조작농산물 개발 분야가 현재 과학으로서는 미래 식량난 해결에 가장 큰 대안이라고 봅니다.

대표 : 저는 그렇게 생각하지 않습니다. 식량문제를 해결하려다 생태계가 파괴될 수도 있습니다. 또한 유전자조작농산물 속의 유전자가 식품을 통해 동물과 사람에게 전이되어 해가 될 가능성도 우

리는 무시할 수 없습니다.

사장 : 유전자조작농산물의 안전성 문제는 유전자조작농산물에 대한 정보를 투명하게 공개하고 안전성 평가를 의무화하여 안전성 심사를 통과한 제품만이 시장에 나오도록 한다면 해결 가능하다고 생각합니다.

대표 : 그럼, 유전자조작농산물 관련 특허 기술을 갖고 있는 기업이나 국가가 식량을 독점적으로 지배해 가난한 나라들로부터 큰 돈을 벌어들이거나 영향력을 행사하고 있는 것에 대해서는 어떻게 생각하십니까?

사장 : 글쎄요. 자유무역 상황 하에서는 어쩔 수 없는 일이지요. 그렇지만 유전자조작농산물 개발이 가난한 나라의 농민들에게도 경제적인 이익을 가져다준다는 사실을 잊지 말아야 합니다. 유전자조작농산물을 재배하는 농민들의 90% 이상이 가난한 국가의 농민들입니다. 수집된 자료를 분석해 보면 병충해에 강하고 품질이 우수한 유전자조작농산물 덕분에 많은 양의 수확이 가능해졌고, 그로 인해 농민들의 수입이 증가해 가난한 농민들에게 경제적으로 도움이 되었음을 알 수 있습니다.

사회자 : 네, 두 분 말씀 감사드립니다.

제16과 MP3 CD:16

사회자 : 오늘은 한국인의 교육열에 대해 말씀을 나눠 보겠습니다. 우리는 역사적으로 학문을 중시하는 문화를 지녀왔습니다만 요즘은 교육열이 지나쳐서 사회적으로 많은 문제를 낳고 있다는 평가를 받는데요. 먼저 김재엽 박사님, 한국인의 교육열, 어떻게 평가하십니까?

박사 : 한국과 같이 자연 자원이 풍부하지 않은 나라에서는 사람이 가장 중요한 자원입니다. 우리나라가 이만큼 세계적으로 국가 경쟁력을 가지게 된 것도 학문을 중요하게 생각하는 우리 문화와 교육열 덕분에 경쟁력을 갖춘 국민들이 많이 나왔기 때문이지요. 아시다시피 한국의 문맹률은 세계 최하위이고 2012년 현재 대학 진학률은 OECD 국가 중 1위입니다. 미국의 대통령도 한국의 교육열을 모델로 삼아야 한다고 여러 차례 말했습니다. 더구나 이번에 영국이 실시한 세계 교육 시스템 비교 평가에서 2위를 차지하지 않았습니까? 한국의 교육이 다소 문제가 있긴 하지만 어쨌든 세계적으로도 인정을 받은 셈이지요.

사회자 : 최정현 교수님 생각은 어떠십니까?

교수 : 저는 좀 다르게 생각합니다. 한국의 교육열은 한국의 정치, 경제, 사회, 문화적인 특성과 복잡하

게 얽혀 아주 심각한 사회문제가 되고 있다고 봅니다. 한국과 같은 나라에서 우수한 인재를 길러야 한다는 박사님 말씀에는 동의합니다. 그렇지만 우리나라의 교육열은 우수한 인재를 기르고 학문을 발전시키려는 목적이 아니라 경쟁이 심한 자본주의 사회에서 자신의 상품가치를 높이려는 목적에서 비롯된 것입니다. 유명 대학 졸업자만이 사회에서 인정받는 구조 때문에 입시경쟁이 비정상적으로 심해져 교육은 이미 원래의 목적을 잃었습니다. 입시경쟁이 중학교, 초등학교로까지 내려와 한창 뛰어 놀 아이들이 학원에서 대부분의 시간을 보내고 있지 않습니까? 이런 현실이 절대 바람직하지는 않다고 봅니다.

제17과 MP3 CD:17-1~6

1. 남자 : 수현아, 어디 가니?
   여자 : 응, 정우구나. 나 지금 자퇴 신청서를 내러 가는 길이야.
   남자 : 자퇴? 왜 갑자기 자퇴를 하려고 해?
   여자 : 갑자기가 아니야. 오랫동안 고민한 끝에 내린 결정이야. 다시 의대 입시 준비를 해 볼까 해.
   남자 : 우리 물리학과 수석 입학생이 자퇴라니, 이거 충격이 큰데.
2. 여자 : 선배들이 취직이 잘 안 돼서 힘들어하는 걸 봐도 그렇고, 너도 알다시피 요즘 이공계 졸업생들의 처우가 너무 열악하잖아.
   남자 : 하긴 공직이나 기업의 고위직에서 우리같은 이공계 출신을 찾아보기 힘든 게 현실이지. 네 결정을 이해는 한다만 좀 착잡하네. 요즘 청소년들 사이에서도 이공계를 기피하는 현상이 심하대.
3. 여자 : 과학자나 기술자가 청소년들이 선호하는 직업이 되기 위해서는 그런 사람들의 사회, 경제적 위상을 높이는 대책을 마련해야겠지만 난 무엇보다도 고등학교에서 문과와 이과를 분리해서 가르치는 교육제도가 폐지되어야 한다고 봐.
   남자 : 맞아. 서둘러 진로를 결정하라고 강요하는 문과·이과 구분 제도는 청소년들을 꿈꾸게 만드는 게 아니라 너무 일찍 현실적으로 만들 뿐이야. 그리고 분리교육은 이과 과목을 지나치게 어렵고 재미없게 만들어서 이공계 진학을 기피하게 되는 원인 중의 하나가 되고 있어.
4. 여자 : 정우야, 너 우리 고등학교 미술책에 나왔던 조선시대 화가 신윤복이 그린 '월하정인도' 기억나지? 나는 말이야, 그 그림을 보고 조선시대 문화를 바탕으로 한 짧은 소설도 써보고, 그림 한쪽에 있는 시를 가사로 노래도 만들어 보고, 그러면서 그림에 나오는 초승달의 월식 가능성도 계산해보고 그러면 미술, 음악, 국어, 국사, 과학 수업이 함께 이루어지니까 수업도 재미있고 과학에 흥미도 생기고 참 좋을 것 같아.

남자 : 와, 이수현! 멋진 생각인데! 하지만 그런 수업이 효과적으로 이루어지려면 무엇보다 우수한 교사들이 많이 필요하잖아. 그런데 너같이 뛰어난 인재들이 다 의대로 가려고 하니 정말 안타깝다. 다시 한 번 잘 생각해 봐라.

제18과 MP3 CD:18-1~6

1. 앵커 : 입시 전쟁, 개성을 살리지 못하는 교육, 왕따 ……. 교육 현장의 이런 어두운 그림자를 피해 대안학교로 눈을 돌리는 학부모들이 많아지고 있습니다. 그렇다면 대안학교에서는 제대로 된 학교교육을 받을 수 있을까요? 일반학교에 적응하지 못하는 아이에게 대안학교는 과연 참된 대안이 될 수 있을까요? 두 자녀를 대안학교에 보낸 한국전자 김은철 회장님을 모시고 말씀 나눠 보겠습니다. 안녕하십니까? 어떻게 자녀분들을 대안학교에 보내게 되셨습니까?

2. 회장 : 처음엔 저희 부부도 기대 반, 걱정 반이었습니다. 주변 사람들은 '온실 속 교육'이 아니냐, 문제아들이 모이는 곳에 보내서 어쩌려고 그러냐, 대학은 갈 수 있겠냐 그러면서 많이 말렸습니다. 하지만 저희 부부는 '틀에 박힌 교육환경에서는 창의력이 뛰어난 인재가 나오기 어렵다'는 소신을 갖고 있어서 공부를 강요하지 않고 아이들의 자율성을 키워주는 대안학교를 선택했습니다.

3. 앵커 : 선택에 후회는 없으신가요?

회장 : 물론입니다. 모든 교육과정이 입시준비 중심으로 짜여진 일반학교와 달리 대안학교는 생태교육과 예체능, 독서토론, 체험학습을 강조합니다. 그래서 '온실 속 교육'이라는 비난을 받기도 하지만 여기에서도 경쟁은 존재합니다. 그렇지만 경쟁보다는 공생에 더 큰 가치를 두기 때문에 경쟁하는 과정에서 서로 간의 조율과 배려하는 마음이 자연스럽게 생기게 되지요. 아이들이 입시경쟁에서 무조건 이기는 법을 배우는 것이 아니라, 다른 사람들과 함께 사는 삶 속에서 스스로 자기의 인생을 설계하는 법을 배우게 되니 저는 매우 만족스럽습니다.

4. 앵커 : 학비가 비싸 '부자들 학교'라는 비판도 있는데요.

회장 : 네, 대안학교들이 저마다 다른 교육과정과 운영방법으로 교육을 하다 보니 비용이 상당히 많이 드는 학교도 물론 있습니다. 게다가 일반학교와 달리 국가의 지원 없이 학부모들이 내는 돈만으로 운영을 하니 비싸질 수밖에 없지요. 국가가 일반학교처럼 재정적 지원을 해주고 뜻이 있는 개인이나 기업들이 기부를 해준다면 대안학교의 문턱은 낮아질 거라고 봅니다.

제19과 MP3 CD:19

사회자 : 지난 3분기 경제 성장률이 1%대로 추락해 내년에는 연간 2%대 성장도 힘들 것이란 전망이 나오고 있는 가운데, 정부는 '경제민주화'에 꼭 필요하다며 기업규제 강화에 힘쓰고 있습니다. 정부의 시장 개입에 대해서는 찬반 양론이 존재하는데, 오늘은 한국기업인총협회 방준희 대변인을 모시고 기업측 입장을 들어보겠습니다. 방 대변인님, 부탁드립니다.

대변인 : 네, 저희는 정치권이 이루려는 빈부격차 해소의 방향을 부정하는 것은 아닙니다. 그러나 그 과정에서 대기업의 책임을 지나치게 강조하고, 기업의 이윤추구 행위가 나쁘다는 인식을 가지게 하는 것은 위험하다고 생각합니다. 반기업 정서가 가득한 사회 분위기에서 경제 회복을 기대하기는 어렵습니다. 성장의 중심에는 항상 기업이 있었기 때문입니다. 대한민국이 수출 강국으로 뛰어 오른 것은 우리 기업들의 도전정신과 노력 없이는 불가능했을 겁니다. 여러 번의 경제위기를 이겨내고 세계적인 기업으로 성장한 우리나라 대표기업들이 있었기에, 오늘날 다양한 산업이 발전하고 많은 일자리들이 만들어질 수 있었으며 나아가 국민들의 삶의 질도 높아졌음을 잊지 말아주셨으면 합니다.

그런데 최근에는 어떤 영역이든 대기업이 나서면 비난이 앞서니 기업들은 마음 놓고 공격적 투자를 계획하기 어려운 형편입니다. 정권이 바뀌어도 우리 경제에서 가장 중요한 것은 일자리인데, 그 일자리를 만들 기업들이 반기업 정서 때문에 해외로 옮겨가지는 않을까 두렵기까지 합니다.

사회자 : 불편한 심정을 솔직하게 말씀해 주셨는데요, 그럼 정부의 기업규제에 대해 한 말씀 해주시지요.

대변인 : 정부는 기업의 잠재력이 더 많이 발휘될 수 있도록 기업 활동의 자유를 존중하고 평가와 감시는 시장에 맡겨 두어야 합니다. 정치권이 혹시라도 표를 얻기 위해 대기업 규제에 힘을 낭비하고 있다면, 우리 경제에 미치는 영향을 고려해 이쯤에서 그쳐주시면 좋겠습니다. 기업의 기를 살려주면 경제는 저절로 살아나는 법입니다.

제20과 듣기 지문 MP3 CD:20-1~5

1. 친구1 : 공정무역 커피 파는 카페로 가자. 요즘 가능하면 공정무역 커피 파는 곳에서 커피를 마시려고 해.
   친구2 : 공정무역 커피가 뭐니? 들어 보긴 했는데.
   친구1 : 공정무역 커피는 쉽게 말하면 착한 커피인데, 이런 커피를 마심으로써 우리는 윤리적 소비, 착한 소비를 하게 되는거야. 소비자들이 윤리적인 과정을 거쳐 생산된 제품을 사는 데에 돈을 쓰는 걸 착한 소비라고 하잖아. 거기에는 환경을 생각한 소비도 포함되고 생산자를 공정하게 대우해 주는 소비도 포함이 돼.

2. 친구2 : 하긴, 생산자가 불공정한 대우를 받는 경우가 많지.

친구1 : 제3세계의 커피 농장에서 힘들게 일한 노동자들에게 커피 판매 이윤이 몇 퍼센트쯤 돌아갈 것 같아? 1%래. 99%는 대기업, 중간상인에게 돌아간대. 게다가 농장에서는 1달러도 안 되는 돈을 받기 위해 학교도 못 가고 하루에 12시간 씩 일하는 아동 노동자들이 커피를 수확하고 있대. 이런 것에 반대해 가난한 커피농장의 커피를 직거래로, 그리고 공정한 가격을 주고 커피를 사들이는 걸 공정무역이라고 하고 그렇게 사들인 커피를 대기업, 중간상인을 거치지 않고 직접 소비자에게 파는 것을 공정무역 커피라고 해.

친구2 : 아, 그 유명브랜드 축구공 이야기가 생각난다. 축구공 한 개 만드는 데에 1500번 이상 바늘로 꿰매야 하는데 가난한 나라의 아이들이 아주 적은 임금을 받고 하루 종일 그 일을 한다는 사실이 알려져서 그 회사 주가가 급락했었잖아.

3. 친구1 : 기업도 윤리성이 중요한 시대가 됐어. 대기업이 운영하는 커피점의 커피는 대부분 가난한 나라 아동들의 노동을 착취해서 판매하는 거니까 우리가 그 커피를 사 마시면 그런 기업들의 수익을 올려 주는 셈이지. 그래서 요즘 그런 문제에 대해 고민하는 소비자들은 공정무역 커피에 눈을 돌리는 경우가 많아. 어떤 기관에서 조사를 했는데 실제로 소비자 10명 중 8명은 값이 좀 비싸더라도 공정무역 커피를 구입할 생각이 있다고 했대.

친구2 : 그러니까 소비자들의 태도나 소비 행태에 따라 기업도 바뀌고 자본주의도 진화할 수 있는 거구나. 적자생존, 정글의 법칙, 강자가 약자를 착취하는 불공정한 구조의 자본주의가 아니라 약자에게 정당한 대우를 해 주는 윤리적 자본주의로 말이야. 소비자의 힘이 대단한 거네.

제21과 MP3 CD:21

사회 : 오늘은 요즘 이슈가 되고 있는 대형마트 의무휴업에 대한 의견을 들어 보기 위해 세연대 중소기업대학원장이신 김승주 원장님, 그리고 한국대 경영학과의 윤주연 교수님을 모셨습니다.

원장 : 저는 대형마트 강제휴업은 꼭 필요하다고 봅니다. 대기업이 운영하는 대형마트들의 경쟁이 심해지면서 서로 가격을 낮추다 보니 지난 5년 동안 문을 닫은 전통시장만 500개가 넘습니다. 이대로 가면 사회가 균형 있는 발전을 하지 못하게 됩니다.

교수 : 하지만 대형마트가 문을 닫는다고 해도 소비자가 골목상권이나 멀리 떨어진 전통시장을 이용하는 데는 분명 한계가 있을 겁니다. 실제로 최근 대형마트가 문을 닫으면서 시장이 아닌 동네 편의점 매출이 급증하고 있습니다.

원장 : 조사 결과에 의하면 대형마트 방문 소비자의 반 정도가 한 달에 한두 번 꼴로 마트에 간다고 합니다. 이 사람들이 불편을 느끼고 시장이나 동네 슈퍼마켓을 찾는 효과를 보려면 적어도 1년 정도는 기다려야 합니다.

교수 : 1년 기다린다고 과연 효과가 나타날까요? 또 문을 닫는 시장이 많다고 하셨는데 시간 단위로 일하는 많은 대형마트의 수많은 직원들이 의무휴업으로 일자리를 잃게 됩니다. 또 채소와 과일, 생선 등을 생산하는 농민, 어민뿐만 아니라 이를 운송하는 운송업체들이 큰 타격을 받고요.

원장 : 대형마트 세 개가 새로 들어서면 전통시장 열 개가 문을 닫는다는 조사가 있는데 이 경우, 대형마트가 만드는 일자리보다 전통시장에서 없어지는 일자리가 더 많습니다. 시장 상인들은 다른 업종으로 바꾸기 어렵기 때문에 정부에서 보호해야 한다는 겁니다.

교수 : 유통은 살아 있는 생물과도 같은 건데 자본주의 사회에서 강제로 규제하면 안 된다고 봅니다. 전통시장은 정부의 보호를 받으면 더 약해질 겁니다. 경쟁을 통해 살아남을 방법을 찾아야 더 강해진다고 봅니다.

제22과 MP3 CD:22

앵커 : 우리가 사용하는 화장품, 이 중 대부분이 동물실험을 거친 제품이라는 사실을 알고 계십니까? 해마다 전 세계에서 동물실험으로 1억 마리의 동물들이 목숨을 잃고 있습니다. 의약품 안전성 검사를 위해서 또는 화장품의 부작용을 알아보기 위해서 엄청난 수의 동물들이 희생되고 있습니다. 송동원 기자가 보도합니다.

기자 : 화장품의 독성을 실험하기 위해서는 쥐나 토끼의 피부, 눈, 입 안 등에 화장품을 계속 바르는 실험을 합니다. 수십 번의 실험 중 동물들은 극심한 고통 끝에 결국 죽습니다. 이러한 화장품의 독성 실험 대상에 토끼와 쥐는 물론 원숭이와 강아지까지 포함됩니다. 동물보호단체에서는 이런 동물실험에 강력히 반대하고 있습니다. 동물보호단체의 이미영 기획팀장입니다.

팀장 : 이런 실험은 동물에게 엄청난 학대입니다. 동물들이 몸부림을 치다가 목이 부러지는 사고도 자주 발생할 만큼 동물들이 느끼는 고통은 끔찍합니다.

기자 : 시민단체들의 비난 여론이 점차 강해지면서 유럽연합은 내년부터는 동물실험을 거쳐 만든 화장품에 대한 판매와 광고를 금지하기로 했습니다. 국내 화장품업계도 동물 독성 실험을 점차 줄이는 분위기입니다. 이미 안전성이 입증된 원료를 사용해서 화장품을 만들거나 사람의 몸에서 뽑은 세포에 화장품 재료를 넣어서 실험을 하고 있습니다. 국내 한 화장품업체는 동물실험에 반대하는 이미지의 광고를 내세워 매출이 40%나 증가했습니다. 하지만 아직까지는 유럽 등 일

부 국가를 제외하면 전 세계에서 동물 실험은 계속되고 있는 상황입니다. 국내에서도 동물실험을 하지 않았다는 것을 입증해 주는 기관은 아직 없습니다. 이런 가운데에도 기업의 동물보호에 대한 의지와 동물학대를 반대하는 사람들의 선택적 소비로 화장품업계에도 변화가 올 것으로 예상됩니다. YBC 뉴스 송동원입니다.

제23과 MP3 CD:23-1~6

1. 여자 : 경수 씨, 정부가 가장 한국적이면서도 세계인의 마음을 사로잡을 수 있는 음식 4가지를 선정해서 발표했대요. 그게 떡볶이하고 비빔밥, 막걸리, 그리고 김치라네요.

남자 : 네. 저도 그 뉴스 들었어요. 비빔밥은 여러 영양소가 들어있어 한 끼 식사로 손색이 없는 데다가 다이어트에도 좋으니 경쟁력이 있을 것 같아요. 여러 가지 과일을 넣은 막걸리도 외국인들에게 인기가 많다고 들었어요.

2. 여자 : 맞아요. 한식은 육류보다는 채소나 해산물을 주로 사용하니까 열량이 낮아서 요즘 추세에 잘 맞는 건강식이잖아요. 또 기름에 튀기기보다는 숙성시키고, 찌거나 삶거나 데치거나 생으로 양념해 먹는 조리법이 많고 김치 같은 발효 음식이 많아 건강에 유익하지요.

3. 남자 : 그런데 떡볶이랑 김치는 그 씹는 맛과 냄새를 싫어하는 외국인들도 있어서 그게 세계화에 걸림돌이 될 수도 있을 것 같아요. 우리는 쫄깃쫄깃한 떡의 씹는 맛을 좋아하지만 어떤 외국인들은 '지우개를 먹는 것 같다'고 하더군요.

여자 : 지우개를 먹는 것 같다고요? 허, 그것 참….

남자 : 김치 냄새도 김치의 세계화를 위해서는 해결해야 할 문제인 것 같아요. 사람들은 익숙하지 않은 냄새가 나는 음식은 본능적으로 피하거든요. 처음 김치를 접하는 외국인에게는 마늘과 젓갈 냄새가 참기 힘든 냄새일 수도 있어요.

4. 여자 : 하지만 쫄깃거리지 않는 떡으로 만든 떡볶이나, 마늘을 안 넣고 젓갈 냄새를 뺀 김치가 진짜 한식이라고 할 수 있나요?

남자 : 그 말도 일리가 있어요. 그렇지만 한식 세계화는 우리와 입맛이 다른 현지 사람들을 배려해야 성공할 수 있다고 생각해요. 그렇게 입맛을 들이면 차츰 좀 더 한국적인 것을 찾게 될 거예요. 저는 상대에 대한 배려가 한식 세계화의 첫걸음이라 믿어요.

제24과 MP3 CD:23-1~6

1. 사회자 : 오늘은 대한기술공과대학의 남정미 교수님을 모시고 스마트폰 기술에 대한 강연을 들어보겠습니다.

교수 : 안녕하세요? IT기술은 변화가 빠릅니다. 특히 스마트폰의 성능은 나날이 진화하고 있지요. 국민이 주로 통화와 문자를 중심으로 사용하던 휴대전화를 버리고 스마트폰에 적응하기 시작한 지 얼마 되지 않았는데 IT업계에서는 해마다 더욱 업그레이드된 모델을 시장에 내놓는 바람에 그 변화의 속도를 따라가기가 힘들 정도입니다.

2. 여러분은 프로젝션 키보드라는 말을 들어보셨나요? 일반인에게는 아직 익숙하지 않지만 이미 출시된 제품입니다. 스마트폰의 키보드는 크기가 작아 컴퓨터의 키보드처럼 빠른 속도로 글자를 입력하기에는 불편한 점이 많은데 프로젝션 키보드는 이런 점을 개선하기 위해 만들어진 거예요. 작은 기기 하나만 있으면 레이저 빔을 통해 평평한 곳 어디에든지 컴퓨터 키보드 크기의 키보드가 가상의 이미지로 만들어집니다. 글자를 입력하는 손가락의 움직임이 센서를 통해 인식되고 그 정보가 스마트폰으로 전달되는 건데요. 이 기술은 많은 사람들이 편리하게 사용할 수 있어서 큰 인기를 끌게 될 겁니다.

3. 다음은 플렉서블 디스플레이, 즉 휘는 디스플레이 기술인데요. 기술 자체는 어렵지 않지만 단지 배터리와 스마트폰의 기판을 휘는 형태로 만드는 기술이 아직 완전하지 않아요. 휘는 디스플레이 기술이 스마트폰에 적용되면 먼저, 수첩형 스마트폰을 생각할 수 있습니다. 이는 수첩처럼 좌우로 펼칠 수 있는 형태로, 접으면 한쪽 면의 디스플레이만을 활용해서 스마트폰으로 사용하고 펼치면 좀 더 크게 태블릿처럼 사용할 수 있는 스마트폰입니다. 다음은 버튼 한 번으로 스크롤처럼 디스플레이가 펼쳐지는 볼펜형을 생각할 수 있습니다. 볼펜과 같이 긴 막대기 형태의 스마트폰의 버튼을 한 번 누르면 도르르 말려 있던 화면이 펼쳐지는 것입니다. 정말 신기하지요?

4. 양면 스마트폰은 앞면을 고해상도 화면으로 동영상이나 사진을 감상할 때 이용하고, 뒷면은 흑백 화면으로 전자책, 신문 등을 읽을 때 이용하는 스마트폰입니다. 이런 형태는 앞에서 말한 수첩형 스마트폰이나 볼펜형 스마트폰에 비해 기술적으로 상품화하기는 더 쉽습니다.

제25과 MP3 CD:25

김 기자 : 안녕하십니까? 오늘은 북한이 새 헌법에서 핵보유국임을 선언한 후 우리도 핵을 보유해야 한다고 주장해 논란이 되고 있는 정수철 의원을 모시고 몇 말씀 나눠 보겠습니다. 정 의원님, 핵무장

을 주장하게 된 배경은 무엇입니까?

정 의원 : 아시다시피 북한의 핵보유국 선언으로 그 동안 우려했던 북한의 핵무장이 현실이 되었습니다. 게다가 그동안 비핵화 원칙을 지켜왔던 일본이 핵 관련법을 수정해서 사실상 핵무장이 가능해지면서 동북아시아가 핵확산의 위험에 놓이게 되었습니다. 이러한 위기상황에서 우리도 당장 핵무기 개발을 시작하지는 않더라도 최소한 핵을 보유할 수 있는 능력을 갖춰야 한다고 생각합니다.

김 기자 : 하지만 정의원님의 주장은 한반도 상황을 악화시킬 수 있다는 여론의 비난도 받고 있습니다.

정 의원 : 핵보유는 결코 우리가 가고 싶어 하지 않았던 길입니다. 그러나 '핵에는 핵'이라는 힘의 균형 없이는 평화를 얻을 수 없습니다. 말이 앞뒤가 맞지 않게 들리겠지만 핵무기 없는 한반도를 만들기 위해서는 우리도 핵을 가져야 합니다. 미국의 핵우산 아래에 있다고 해서 영원히 안전하지는 못합니다. 주변국의 핵무장으로부터 우리 스스로를 우리의 힘으로 지킨다는 차원에서 우리도 핵이 있어야 합니다.

김 기자 : 그렇다면 의원님, 지금 이 시점에서 한반도의 안정과 평화를 위해 우리가 할 수 있는 일은 무엇입니까?

정 의원 : 북한의 비핵화를 위한 노력을 결코 포기해서는 안 됩니다. 우선 주변국과 협력하여 유엔을 통해 외교적 압력과 경제제재를 가할 수 있도록 해야겠지요.

김 기자 : 네, 바쁘신데도 이렇게 시간을 내 주셔서 감사합니다. 지금까지 YBS '5분 인터뷰'의 김유나였습니다.

제26과 MP3 CD:26-1~6

1. 사회자 : 지금부터 좌담회를 시작하겠습니다. 우리 팀은 북한 지원 문제에 대해 토론하고자 합니다. 그동안의 지속적인 지원에도 불구하고 계속된 북한의 도발행위로 인해 국민감정이 악화되었고, 게다가 지난 달 북한 측에서 우리 정부에게 수해복구지원 요청을 해놓고서 지원물품들이 마음에 안 든다고 거절하는 바람에 지원 반대 여론이 힘을 얻고 있습니다. 자 그럼 의견들을 말씀해 주시지요.

2. 토론자1 : 저는 대북지원에 찬성합니다. 햇볕정책은 경제적으로 어려운 북한을 도움으로써 통일을 향해 한 걸음씩 나아가 보자는 취지로 시작한 정책입니다. 북한의 경제개발을 지원하면 남북한 평화가 유지되고 북한의 체제 변화에도 기여해서 북한의 개방을 자연스럽게 유도할 수 있습니다. 그리고 개방이 확대된다면 통일도 먼 일은 아니라고 봅니다. 외투를 입은 사람의 외투를 벗게 하는 것은 차가운 바람이 아니라 따뜻한 햇볕입니다. 군사적 도발에도 우리가 북한을

따뜻하게 감싸준다면 우리의 진심을 알아주지 않을까요?

3. 토론자2 : 그건 순진한 생각입니다. 북한을 서서히 설득하고 변화시킬 수 있다고 생각하시는 것 같은데 북한은 햇볕정책의 의도를 처음부터 정확히 알고 있었습니다. 북한은 햇볕정책에서 나오는 경제적 이득은 빠짐없이 챙기면서 그 이득으로 북한의 체제를 더욱 굳건히 하는 데 이용하고 있습니다. 북한은 햇볕에 녹을 체제가 아닙니다. 그렇게 퍼 주는데도 미사일을 쏘고, 핵실험을 하고, 끊임없이 우리를 비방하고, 약속을 지키지 않는 북한에게 계속해서 당근을 내밀어야 합니까? 이제는 채찍을 들어야 할 때입니다.

4. 토론자1 : 강경정책은 전쟁의 가능성을 높일 뿐입니다. 경제적 지원과 교류확대만이 한반도의 평화를 정착시킬 수 있습니다.

토론자2 : 전쟁 준비를 하자는 게 아닙니다. 무조건 갖다 바치는 것만이 한반도의 평화를 위한 길이 아니라는 거지요. 평화를 지키기 위해서는 상대방의 평화 파괴 행위에 대해 단호하게 책임을 물을 수 있는 강경정책과 능력을 갖추어야 한다는 말입니다.

제27과 MP3 CD:27

사회자 : 한국에서는 건강한 남자라면 누구나 군대에 가야 하지요. 그런데 종교적 신념 등을 이유로 군복무를 거부하는 사람들이 있습니다. 이들을 양심적 병역거부자라고 하는데 국가에서는 이들을 법으로 처벌하고 있습니다. 하지만 이들을 형사처벌하는 것이 헌법상 기본권을 침해하는 것이라는 의견도 있습니다. 오늘은 국방연구원의 정의연 박사님과 양심적 병역거부 시민연대 김일순 대표님을 모시고 이 문제에 관해 말씀을 나눠 보겠습니다. 먼저 김일순 대표님께서 말씀해 주시겠습니까?

대표 : 네. 우리 헌법에는 인간의 양심의 자유를 보장해야 한다는 내용이 있습니다. 양심적 병역거부자들은 자신의 신념에 따라 적을 죽이는 훈련을 받는 군대에 입대하기를 거부하는 건데 이들을 처벌하는 것은 헌법에 위배되는 일입니다. 국제사회에서도 한국 정부가 양심적 병역거부자를 처벌하는 것에 대해 우려를 나타내고 있습니다. 국제 인권규약이 정한 사상, 양심, 종교의 자유를 위반하기 때문이지요.

박사 : 하지만 우리는 한반도의 현실을 생각해야 합니다. 한국과 북한은 전쟁이 끝난 게 아니라 휴전, 즉 전쟁을 잠깐 중단한 상태입니다. 특히 최근에는 남북관계가 악화되는 추세이고 서해 쪽에서는 북한의 도발이 있었지 않습니까? 이런 상황에서 개인적 양심을 고집해 병역의무를 거부하는 것은 국가를 생각하지 않는 개인주의적 태도입니다. 국가가 안정적으로 존재해야 자신의 양심

도 지킬 수 있는 것 아닙니까?

대표 : 군복무를 거부한다고 해서 국가를 생각하지 않는 건 아닙니다. 대만에서는 양심적 병역거부자들을 위해 대체복무제를 도입했습니다. 군대에 가는 대신 사회복지 분야에서 일하게 하는 겁니다. 대만은 이런 제도를 통해서 국제적으로도 인권을 존중하는 나라라는 이미지를 얻게 되었죠.

박사 : 우리나라도 그와 같은 제도를 도입하려고 했습니다만 결국 도입되지 않았습니다. 이유가 뭐냐 하면 대체복무제를 허용하면 입대 대상자들의 의지를 떨어뜨려 국방력을 약화시키기 때문입니다. 누구는 집에서 출퇴근하면서 군복무를 대신하는데 자신은 군대에 가서 2년 동안 엄청난 고생을 할 생각을 한다면 당연히 사기가 떨어지지 않겠습니까?

제28과 MP3 CD:28

아나운서 : 안녕하십니까? '반짝 시사상식 코너' 윤선영입니다. 요즘 '친환경', '환경친화적'이란 말이 많이 들리는데요, 오늘은 '녹색운동 학부모연대' 김제식 대표와 함께 '친환경'에 대해서 알아보기로 하겠습니다. 안녕하세요? 김 대표님.

김 대표 : 네, 안녕하십니까? '친환경'이란 말과 함께 쓰이는 단어들이 우리 주위에 꽤 많지요? 친환경 농산물, 친환경 자동차, 친환경 주택, 친환경 벽지…. 이제 '친환경'이란 말은 우리 생활과 뗄래야 뗄 수가 없는 말이 되었습니다. '친환경'이란 자연환경을 오염시키지 않고 자연 그대로의 환경과 잘 어울리는 일을 말하지요. 흔히 인체와 환경에 해를 덜 끼친다는 의미와 환경을 보호한다는 의미로 쓰이고 있습니다.

아나운서 : 대표님, 그럼 '친환경 제품'과 '천연 제품'은 어떻게 다른가요?

김 대표 : '천연 제품'은 넓은 의미에서 '친환경 제품'입니다. 하지만 정확하게 말하자면 '친환경 제품'이 꼭 '천연 제품'은 아닙니다. '천연 제품'이란 제품의 생산과 유통, 사용의 모든 단계에서 오직 천연 물질만을 원료로 한 제품을 말합니다. 그리고 제품의 소재가 천연 물질이 아니더라도 그것이 환경에 해가 되지 않고 그 사용에 있어서도 환경에 무리를 주지 않는다면 '친환경 제품'이라고 말할 수 있습니다.

아나운서 : 저희 어머니께서 쌀을 씻은 물로 설거지를 하시던데 그럼 그게 천연 세제네요.

김 대표 : 그렇습니다. 하지만 요즘 TV광고에 나오는 세제는 천연 세제라고 말할 수 없습니다. 피부를 보호하고 인체에 유해한 물질이 없으니 친환경 세제라 말할 수는 있지요. 그러나 일반 주방세제 자체가 화학물질로 만들어지는데 쌀 씻은 물 조금 들어갔다고 천연 세제라 하는 건 무리가 있습니다.

아나운서 : 네, 도움 말씀 감사합니다. 좀 귀찮더라도 물건을 살 때는 환경을 생각해서 뭐가 얼마나 들어가 있는지 꼭 확인하고 사야겠습니다. 지금까지 '반짝 시사상식 코너'였습니다.

제29과 MP3 CD:29-1~6

1. 앵커 : 북극의 온난화 현상이 심상치 않습니다. 북극해를 덮고 있는 얼음의 면적이 또 사상 최소치를 기록 했습니다. 전문가들은 빙하가 녹는 속도가 상상을 초월한다고 합니다. 김동준 기자가 보도합니다.

2. 기자 : 미국의 국립빙설자료연구소는 지난 16일 기준으로 북극해의 얼음 넓이가 342만㎢로 관측됐다고 발표했습니다. 이는 이 연구소가 북극해 면적을 기록하기 시작한 1979년 이후 최저치입니다. 연구소의 조사 결과에 따르면 올해 북극해 얼음 면적의 최소치는 1979년부터 2000년 사이 평균값과 비교해서 거의 50% 감소한 것으로 나타났습니다. 북극해 얼음 면적은 여름에 줄어들고 겨울에 늘어나는 특성을 보이지만, 지난 30년 동안에는 계절에 관계없이 계속 감소해 왔습니다. 기상 전문가들은 지구 온난화를 원인으로 봅니다. 기상연구소 기후연구과 이중석 과장입니다.

3. 과장 : 인간이 유발하는 지구 온난화로 북극해 얼음의 넓이가 줄어드는 것은 물론이고 얼음의 두께도 얇아지고 있습니다. 그리고 얼음이 얇아지니까 얼음이 녹는 속도도 그만큼 더 빨라지는 거지요. 북극해 얼음이 다 녹아버리는 시기가 우리가 예측했던 것보다 훨씬 앞당겨질 것으로 예상됩니다.

4. 기자 : 이런 현상이 계속되면 20년 후에는 북극해도 다른 바다와 마찬가지로 배를 이용해 건너 갈 수 있는 곳이 됩니다. 컴퓨터 프로그램으로는 2050년을 전후해 북극해 얼음이 모두 녹아버릴 것으로 예측되지만, 얼음이 녹는 속도가 예상보다 빨라지고 있다고 전문가들은 우려합니다. 기상 전문가들은 북극해의 얼음이 지구에 닿는 태양열의 90%를 반사시키는 지구 냉각기 역할을 하고 있는데 얼음이 녹으면 그 역할을 제대로 하지 못할 것이라고 경고하고 있습니다. KBC뉴스 김동준입니다.

제30과 MP3 CD:30-1~6

1. 앵커 : 어느덧 안양시가 하천 복원사업을 선포한 지 10년이 지났습니다. 오늘은 복원사업 10주년을 맞아 복원사업본부의 정무혁 본부장님을 모시고 그간의 성과와 앞으로의 계획을 들어보겠습니다. 안녕하세요, 본부장님. 우선 하천이 어느 정도로 깨끗해졌습니까?

본부장 : 안양을 통과하는 하천은 여섯 개입니다. 최근 이 여섯 개 하천에 12개의 지점을 지정해 민물고기 서식 실태조사를 실시했는데요. 어류 20여 종류가 서식하고 있는 것으로 나타났습니다. 특히 이

중에는 1급수에서만 사는 어종들이 포함되어 있었습니다.

2. 앵커　: 정말 놀라운 성과이군요. 과거에는 죽음의 하천으로까지 불리지 않았습니까?

본부장 : 아시다시피 안양은 70~80년대에 산업화로 공장이 많이 몰려왔고 인구도 밀집되어 있던 곳입니다. 따라서 공장폐수와 생활하수로 오염과 악취가 심했던 곳입니다. 10년 전까지만 해도 당연히 물고기는 한 마리도 살 수 없는 말 그대로 죽음의 하천이었지요. 하천 근처에는 사람들이 접근하기를 꺼릴 정도로 하천의 오염이 심했던 곳입니다.

3. 앵커　: 특히 안양의 하천은 정부와 지자체의 노력도 노력이지만 시민들이 적극적으로 참여해 복원에 성공한 케이스로 평가받고 있는데요. 어떻습니까?

본부장 : 물론입니다. 사실 안양시민들이 복원사업을 시작했다고 볼 수 있습니다. 1990년대 초반에 냄새나고 더러운 하천을 가족 나들이 장소로 바꿔 보자고 시민단체가 활동을 시작했습니다. 90년대 말부터는 여러 개의 시민단체들이 모여 연합을 결성하고 하천 살리기 사업을 대대적으로 펼쳐나갔습니다. 이분들의 노력이 지자체의 정책에도 반영돼 2002년부터는 안양시의 도시계획에 하천 복원사업이 포함되면서 본부가 신설되고 예산도 책정되었죠. 그러한 노력들로 공장의 폐수처리 규정이 강화되면서 더 이상 공장이 안 들어오거나 많은 공장들이 이전을 했고 생활하수 처리 시스템도 개선되었습니다.

4. 앵커　: 앞으로 복원사업 본부에서는 어떤 계획을 가지고 계신지요?

본부장 : 복원이 거의 완료되었기 때문에 이제 남은 과제는 유지 관리입니다. 이미 안양시에서는 시민들 스스로가 하천을 지키려는 분위기가 형성되어 있습니다. 우리 본부에서는 현재의 수질을 유지하기 위해 꾸준히 제도적 뒷받침을 이어나갈 계획입니다.

모범 답안

제1과 지키지 못할 공약은 이제 그만!

Ⅰ. 어휘 연습

1. 1) 문화, 의견, 시대(상) – 반영하다
   2) 실력, 안전성, 후보 – 검증하다
   3) 계약, 의무, 조건 – 이행하다
   4) oo정부, oo정보센터,
      oo신도시 – 출범하다
2. 1) 정당 2) 출마자 3) 정책 4) 유권자 5) 당선
3. 1) 선출 2) 투표 3) 낙선 4)지지 5) 기권
   6) 선거유세

Ⅱ. 내용 이해

1. ②
2. 1) O 2) X 3) X 4) O
3. ④

Ⅳ. 관련 듣기

1. ③
2. ④
3. 기권하지 말고 투표에 적극 참여해 달라고 부탁했다.

제2과 대통령제, 중임제로 바꿔야

Ⅰ. 어휘 연습

1. 1) 단임제 2) 중임제 3) 독재 4) 장기집권
   5) 레임덕
2. 1) 개헌 2) 장애 3) 보완 4) 분산
   5) 비리
3. 1) 대통령 2) 총리/수상 3) 왕 4) 총통
   5) 주석

Ⅱ. 내용 이해

1. 생략.
2. 1) 독재와 장기집권을 막기 위해서.
   2) 첫째, 국가 경영에 연속성이 없다.
      둘째, 대통령의 비리가 나타나기 쉽다.
   3) 대통령이 너무 큰 힘을 가지게 되는 것.
3. 1) X 2) X 3) O 4) O

Ⅳ. 관련 읽기

1. ④
2. 1) X 2) O 3) X
3. 권력이 대통령에게 집중되기 때문에.

제3과 정치 팟캐스트, 대안 언론인가 선동 매체인가

Ⅰ. 어휘 연습

1. 1) 정정 2) 대안 3) 편파적 4) 선동적
   5) 막말 6) 의혹 7) 폭로
2. 1) 언론 – 신문사, 방송국 등의 기관, 또는 그러한 기관이 이 세상의 일들을 사람들에게 알려 주는 활동.

2) 매체 – 많은 사람들에게 정보를 전달하는 수단.
3) 청취율 – 특정 프로그램을 얼마나 많은 사람들이 듣는지를 나타내는 숫자.
4) 취재 – 신문, 방송 등이 보도를 위해 자료를 수집하는 것.

3. 1) 보수 2) 진보 3) 우파 4) 좌파 5) 중도

II. 내용 이해

1. ④
2. 1) X 2) O 3) O 4) X
3. 언론에서 다루지 않은 정치 관련 이야기와 현 정부에 대한 비판.

IV. 관련 듣기

1. ①
2. ③
3. 생략.

제4과 대신동 얼굴 없는 천사, 올해도 몰래 기부

I. 어휘 연습

1 1) 정체 2) 유유히 3) 어김없이 4) 목격자
2. 1) 잠복하기도 2) 연출되었다 3) 확신한다 4) 따돌리기 5) 무성했다 6) 기부했다
3. 1) 성금 2) 불우이웃돕기 3) 기증 4) 후원 5) 사회환원

II. 내용 이해

1. ③
2. 1) O 2) X 3) X 4) X
3. 정체를 밝히지 않고 이웃을 돕기 때문에.

IV. 관련 듣기

1. ①
2. ②
3. 생략.

제5과 강력범죄, 사형이 답인가

I. 어휘 연습

1. 1) 집행 2) 노리며 3) 폐지 4) 살인 5) 살해된 6) 철회
2. 1) 미성년자 2) 엄벌 3) 처벌 4) 반성한다 5) 억울하다 6) 논란
3. 1) 오판 2) 교화 3) 종신형 4) 무기징역 5) 흉악범죄 6) 가석방

II. 내용 이해

1. 생략.
2. 1) 최근 강력사건들이 잇따라 발생했기 때문에.
   2) 약 80%.
   3) 경고 차원에서 사형제도는 필요하다. 폐지할 일이 아니다.
   4) 사형 집행 논의를 철회해야 한다.
3. 1) X 2) X 3) O 4) O

IV. 관련 읽기

1. 1) 나준수 – 사형제는 유지되어야 한다.
   2) 오사랑 – 사형제는 폐지되어야 한다.
2. ①
3. 생략.

제6과 늙어가는 대한민국

Ⅰ. 어휘 연습

1. 1) 반응 2) 저하 3) 저출산 4) 추세
   5) 고령화
2. ① 부양하다 ② 육아 ③ 가사노동 ④ 여력
   ⑤ 장려하다 ⑥ 수요 ⑦ 공급
3. 1) 고립 2) 만혼 3) 독거노인 4) 고독사
   5) 미혼

Ⅱ. 내용 이해

1. 생략.
2. 1) 3분시민이야기마당.
   2) 0.96명.
   3) 인구의 40%.
   4) 경제활동 인구의 감소와 고령화로 인해 수요가 생기지 않아서 경제위기로 이어지게 된다.
   5) 출산을 장려하여 경제활동인구를 늘리는 것.
3. 1) X 2) O 3) O 4) X

Ⅳ. 관련 읽기

1. ①
2. ③
3. 사회보장제도나 네트워크가 해줄 수 없는 '소통'의 역할을 하기 때문에.

제7과 세계에서 가장 행복한 나라는?

Ⅰ. 어휘 연습

1. 1) 창립 2) 개념 3) 풍요 4) 시각
2. 1) 측정하는 2) 극대화하기 3) 선정되었다
   4) 접근해야 5) 대체할
3. 1) 사회기반시설 2) 사회복지 3) 범죄율
   4) 고용안정

Ⅱ. 내용 이해

1. ②
2. 1) X 2) X 3) O 4) O
3. 기본적인 의료비와 교육비가 무료이고 국비유학제도가 발달돼 있을 정도로 복지제도가 잘 갖춰져 있다.

Ⅳ. 관련 듣기

1. ④
2. 1) O 2) O 3) X
3. 여성 지도자를 통해 선진복지국가를 만들 수 있다는 것.

제8과 미국, 남녀공학 원칙 깨지는가

Ⅰ. 어휘 연습

1. 1) 법, 규칙, 규정 – 개정하다
   2) 주장, 의견, 제안 – 동조하다
   3) 주의, 마음, 정신 – 산만하다
   4) 학업, 성적, 활동 – 부진하다
   5) 결정, 권위, 대우 – 반발하다
   6) 독서, 저축, 대중교통수단 이용 – 권장하다
2. 1) 인종 2) 차별 3) 분리 4) 중산층
   5) 부유층 6) 서민층
3. 1) 평등하다 2) 통합할 3) 선호하는
   4) 전환해서 5) 지도력

Ⅱ. 내용 이해

1. 생략.
2. 1) 미국 행정부가 공립학교에 남녀 분리교육을

권장하기로 결정했다는 소식.
2) 인종과 성별을 분리하는 학교 설립을 막는 '반차별법' 때문에.
3) 이성에 대한 호기심이 많은 청소년들이 남녀공학에서 공부하면 주의가 산만해져서 성적이 부진하기 때문이다.
4) 또 다른 차별을 낳을 것이라고 반대함.

3. 1) X 2) O 3) X 4) O

Ⅳ. 관련 읽기

1. ①
2. ④
3. 생략.

제9과 흡연자, 더 이상 설 자리는 없다

Ⅰ. 어휘 연습

1. 1) ③ 2) ② 3) ① 4) ③ 5) ②
2. 1) 단속 2) 시행 3) 저항 4) 헌법 5) 헌법소원
3. 1) 건강권 2) 행복추구권 3) 침해 4) 흡연권 5) 권리 6) 혐연권 7) 생명권

Ⅱ. 내용 이해

1. ②
2. 1) X 2) O 3) O 4) X
3.

프랑스	① 골초 가수의 노래가 인기를 끎. ② '그래도 나는 피운다'라고 쓰인 셔츠가 나옴. ③ 담배판매업협회에서 담배 가게 문을 닫아버리겠다고 협박함.
독일	호텔업협회에서 공공장소 금연 관련법에 대해 헌법소원을 제기하였음.

Ⅳ. 관련 듣기

1. ④
2. 1) O 2) X 3) O 4) X
3. 생략.

제10과 연예인 사생활 침해, 불가피한가

Ⅰ. 어휘 연습

1. 1) 대중 2) 인권 3) 공인 4) 토대 5) 장치
2. 1) 자유분방한 2) 유출 3) 일거수일투족 4) 배역 5) 추락 6) 신상 7) 노출 8) 당사자
3. 1) 존엄성 2) 우선시되는 3) 공개했다 4) 불가피하다 5) 기사화될 6) 알 권리

Ⅱ. 내용 이해

1. ④
2. 1) X 2) O 3) O 4) O
3. 무차별적인 사생활 유출과 이를 문제의식 없이 받아들이는 태도는 비난 받아야 한다.

Ⅳ. 관련 듣기

1. ④
2. 1) 남 2) 여 3) 남 4) 여
3 생략.

제11과 19금 판정, 합리적인 심의 기준 필요해

Ⅰ. 어휘 연습

1. 1) 주가 2) 판정 3) 비난 4) 심의 5) 사례
2. 1) 번복하면 2) 오락가락하는 3) 정당화할 4) 해제되었다 5) 완화하기로

3. 1) 상영등급 2) 관람불가 3) 선정적
4) 폭력적 5) 해금

II. 내용 이해

1. 생략.
2. 1) 19금 판정.
2) (노래 가사에) 비속어와 술이 들어갔기 때문에.
3) 제우스의 인기가 높아지면서 여론에 밀려 뒤늦게 19금 판정을 취소했다는 비난.
4) 생각없는 문화 행정.
3. 1) X 2) O 3) O 4) O

IV. 관련 읽기

1. ①
2. 1) 학 2) 음 3) 학 4) 음
3. 생략.

제12과 개발이냐 보존이냐

I. 어휘 연습

1. 1) 출토되었다 2) 현실적인 3) 보상해
4) 낙후된 5) 지정했다 6) 촉구했다
2. 1) 시위 2) 자부심 3) 터전 4) 지역이기주의
5) 발굴 6) 재개발 7) 규제
3. ① 유물 ② 소실 ③ 도굴 ④ 훼손 ⑤ 복원

II. 내용 이해

1. 생략.
2. 1) 주민들이 유적 발굴 현장을 파괴했다.
2) 여러 곳에 보상 대책을 요구하는 현수막들이 보이고 주민들이 시위 중이다.
3) 집값도 떨어지고 이사도 가지 못함.
보상금이 너무 적고 언제 나올지 모름.
4) 백제 초기의 수도인 위례성일 가능성이 높은 유적이라는 점에서 가치가 있음.
5) 정부가 현실적인 보상 대책을 마련하는 것.
3. 1) X 2) O 3) X 4) X

IV. 관련 읽기

1. ③
2. ④
3. 생략.

제13과 원자력, 축복인가 재앙인가

I. 어휘 연습

1 1) 재앙 2) 분열 3) 발전기 4) 방사능
2. 1) 고갈될 2) 우수한 3) 방출해서
4) 절실하다 5) 충당하기로 6) 치명적인
3. 1) 태양광 에너지 2) 수력 에너지
3) 풍력 에너지 4) 바이오 에너지

II. 내용 이해

1. 1) 첫째 문단 – 대체에너지 개발의 필요성.
2) 둘째 문단 – 원자력발전의 원리.
3) 셋째 문단 – 원자력에너지의 장단점.
2. 1) X 2) X 3) O 4) O
3. 화력 발전에서는 물을 끓이기 위한 에너지원으로 석탄을 이용하지만 원자력발전에서는 원자로 내에서의 핵분열반응을 이용한다는 점.

IV. 관련 듣기

1. 1) 남자 - 원자력 에너지에 대해 긍정적이다.
2) 여자 - 원자력 에너지에 대해 부정적이다.
2. ③

3. 남자 – 원자력 에너지는 이산화탄소가 발생되지 않기 때문에 환경오염을 줄일 수 있다.
여자 – 환경을 가장 심각하게 오염시킬 수 있는 것이 원자력이다.

제14과 사랑 고백은 놀이기구 안에서

Ⅰ. 어휘 연습

1. 1) 인사과 2) 상대 3) 박동 4) 착각
5) 대상
2. 1) 현명한 2) 존재한다고 3) 불쾌했다
4) 의존해서 5) 쾌적한
3. 1) 인지능력 2) 좌뇌 3) 뇌 과학 4) 우뇌
5) 신경세포

Ⅱ. 내용 이해

1. 생략.
2. 1) 무서운 놀이기구를 같이 타라.
2) 대상: 회사의 인사과 직원들.
실험 방법: 따뜻한 음료와 차가운 음료를 마시게 한 후 인터뷰하게 했다.
3) 느린 시스템: 충분한 시간과 정보가 있을 때.
빠른 시스템: 충분한 시간과 정보가 없는데도 빨리 결정을 해야 하는 경우.
3. 1) X 2) O 3) O

Ⅳ. 관련 읽기

1. ③
2. 1) X 2) O 3) X
3. 생략.

제15과 유전자조작농산물, 정말 안전할까

Ⅰ. 어휘 연습

1. 1) 병충해 2) 전이되었다고 3) 수확
4) 맞서서 5) 해충 6) 종
2. 1) 유전자 2) 변형 3) 유발할
4) 가공해 5) 생태계 6) 파괴되고
3. 1) 재배 2) 식량난 3) 농약 4) 지배
5) 특허 6) 독점

Ⅱ. 내용 이해

1. ④
2. 1) O 2) X 3) O 4) X
3. 10년, 20년 후에 몸에서 어떻게 무슨 병을 유발할지 아무도 모르기 때문에.

Ⅳ. 관련 듣기

1. 1) 남자토론자 – 유전자조작농산물에 대해 부정적이다.
2) 여자토론자 – 유전자조작농산물에 대해 긍정적이다.
2. 1) O 2) O 3) X 4) O
3. 생략.

제16과 한국 교육, 세계적으로 인정받아

Ⅰ. 어휘 연습

1. 1) 순위 2) 상위권 3) 사교육 4) 경쟁력
5) 열풍
2. 1) 과도하다 2) 매기다 3) 뒤지다
4) 부여하다
3. 1) 명문대 2) 입시경쟁 3) 학원 4) 과외

5) 합격률 6) 학군

II. 내용 이해

1. ②
2. 1) X 2) X 3) O 4) O
3. 교사들의 수준이 높고 사회적으로 높은 평가를 받는다.

IV. 관련 듣기

1. ①
2. ④
3. 미국의 대통령이 한국의 교육열을 본받아야 한다고 말한 것,
영국이 실시한 세계 교육 시스템 비교 평가에서 2위를 차지한 것.

第17과 이공계가 살아야 나라가 산다

I. 어휘 연습

1. 1) 열악한 2) 기피하고 3) 처우 4) 착잡하다 5) 위상
2. 1) 수석 2) 자퇴 3) 진로 4) 이과 5) 문과 6) 이공계
3. 1) 이과대학 2) 국가경쟁력 3) 공과대학 4) 병역특례제도

II. 내용 이해

1. 생략.
2. 1) 물리학. 자퇴 신청서를 내러 가는 길.
2) 취직이 잘 안 되고 처우가 열악하다.
3) 문과와 이과를 분리해서 가르치는 것.
4) 여러 과목이 통합적으로 이루어지는 수업(통합수업).
3. 1) O 2) X 3) O 4) X

IV. 관련 읽기

1. 1) 첫째 문단 – 이공계 기피현상의 의미와 사례.
2) 둘째 문단 – 이공계 기피현상의 원인.
3) 셋째 문단 – 이공계 기피현상의 문제점.
4) 넷째, 다섯째 문단 – 이공계 기피현상에 대한 대책.
2. ③
3. 생략.

第18과 대안학교가 과연 대안인가

I. 어휘 연습

1. 1) 문턱 2) 공생 3) 생태교육 4) 조율
2. 1) 적응하기가 2) 온실 3) 말리셨다 4) 틀에 박힌 5) 소신 6) 자율성
3. 1) 비인가학교 2) 교육철학 3) 검정고시 4) 전인교육 5) 특성화학교 6) 혁신학교

II. 내용 이해

1. 생략.
2. 1) 입시전쟁, 개성을 살리지 못하는 교육, 왕따 등을 피하기 위해서.
2) 대안학교는 문제아들이 모이는 곳이고, 온실 속 교육이며 대학에 가기 어렵다는 이유로.
3) 아이들이 입시경쟁에서 무조건 이기는 법을 배우는 것이 아니라 더불어 사는 삶 속에서 스스로 자기의 삶을 설계하는 법을 배우게 되기 때문에.
4) 국가의 재정적 지원과 개인 및 기업의 기부.

3. 1) X 2) X 3) O 4) O

Ⅳ. 관련 읽기

1. ①
2. ②
3. 생략.

제19과 국가냐 시장이냐

Ⅰ. 어휘 연습

1. 1) 개입하면 2) 공정하며 3) 초래했다
   4) 출현했다
2. 1) 관료 2) 유착 3) 공공재
   4) 부정부패 5) 혁신
3. 1) 작은정부론 2) 국가개입주의
   3) 경제민주화 4) 복지국가론 5) 신자유주의

Ⅱ. 내용 이해

1. 1) 강민석 – 국가는 시장에 개입해야 한다.
   2) 정인주 – 시장은 자유로워야 한다.
2. 1) X 2)X 3) X 4) O
3.

작은 정부	공공재 공급 부족. 독점 기업 출현. 공공 이익을 해치는 일이 생김.
큰 정부	무거운 세금. 이익단체의 압력에 의한 공공지출의 확대. 대기업과 정부의 유착. 관료 집단의 이기주의와 부정부패.

Ⅳ. 관련 듣기

1. ②
2. 1) X 2) X 3) X 4) O
3. 생략.

제20과 커피가 착하다고?

Ⅰ. 어휘 연습

1. 1) 정글의 법칙, 적자생존
   2) 제삼세계, 공정무역
   3) 소비 행태, 윤리적
2. 1) 진화하다 2) 꿰매다 3) 급락하다
   4) 착취하다
3. 1) 친환경제품 2) 직거래장터 3) 로하스
   4) 협동조합 5) 공정여행

Ⅱ. 내용 이해

1. 생략.
2. 1) 소비자들이 윤리적인 과정을 거쳐 생산된 제품을 사는 데에 돈을 쓰는 것.
   2) ① 1 달러도 안 되는 돈을 받기 위해 아동 노동자들이 학교에도 못 가고 하루에 12시간씩 커피를 수확하는 것.
   ② 가난한 나라의 아이들이 적은 임금을 받고 하루 종일 축구공을 바늘로 꿰매는 일을 하는 것.
   3) 자본주의를 약자에게 정당한 대우를 해주는 윤리적 자본주의로 바꾸는 힘.
3. 1) O 2) X 3) X

Ⅳ. 관련 읽기

1. ④
2. 1) X 2) O 3) O
3. 자신과 자신의 후손들이 더 좋은 환경에서 행복하게 살려면 소비 활동에서도 윤리적,

이타적이어야 한다는 사실을 깨달았기 때문에.

제21과 의무휴업에 울상 짓는 대형마트

Ⅰ. 어휘 연습

1. 1) 채용 2) 타격 3) 물류
   4) 회의적이었다 5) 협력업체 6) 신선식품
2. 1) 납품하고 2) 위반한 3) 통과될
   4) 부과된다
3. 1) 유통 2) 유통업체 3) 소매
   4) 도매 5) 대리점 6) 통신판매

Ⅱ. 내용 이해

1. ①
2. 1) X 2) O 3) X 4) X
3. 골목상권과 재래시장을 살리는 것.

Ⅳ. 관련 듣기

1. 1) 남자 – 대형마트 의무휴업에 찬성하고 있다.
   2) 여자 – 대형마트 의무휴업에 반대하고 있다.
2. 1) 남 2) 여 3) 여 4) 남
3. 생략.

제22과 동물보호인가 동물학대인가

Ⅰ. 어휘 연습

1. 1) 사육 2) 민첩성 3) 학대 4) 속성
   5) 명물
2. 1) 순해서 2) 충족시키려면 3) 방치되어
   4) 찬
3. 1) 반려동물 2) 독성실험 3) 모피
   4) 유기된 5) 채식주의

Ⅱ. 내용 이해

1. ④
2. ③
3. 1) 동물보호단체 – 마차운행은 동물학대이다.
   2) 마부, 마주 – 말에 대한 관리만 잘 한다면 문제가 없다.
   3) 전문가 – 공원 안에서 말에게 적절한 휴식과 사육환경을 제공하면서 마차를 운행하면 된다.

Ⅳ. 관련 듣기

1. ②
2. 1) X 2) X 3) O
3. 사람의 몸에서 뽑은 세포에 화장품 재료를 넣어서 실험을 함.

제23과 한식 세계화, 상대에 대한 배려에서부터

Ⅰ. 어휘 연습

1. 1) 젓갈 2) 발효 3) 현지 4) 쫄깃쫄깃하게
   5) 숙성시킨 6) 조리법 7) 열량 8) 영양소
2. 1) 사로잡았다 2) 일리가 있다 3) 손색없는
   4) 본능적으로 5) 걸림돌
3. 1) 전략 – 정치, 경제 등의 사회적 활동을 하면서 어떤 목표에 도달하기 위한 최적의 방법.
   2) 표기법 – 부호나 문자로써 한 언어를 적어서 나타내는 규칙.
   3) 표준화 – 재료나 제품의 종류, 품질, 모양, 크기 등을 일정한 기준에 따라 통일함.
   4) 마케팅 – 상품 또는 서비스를 생산자로부터

소비자에게 원활하게 전하기 위한 모든 체계적 경영 활동. (기획 활동, 시장 조사, 상품화 계획, 광고 등)
5) 현지화 - 일을 실제 진행하거나 작업하는 곳의 특성에 맞춤.

Ⅱ. 내용 이해

1. 생략.
2. 1) 떡볶이, 비빔밥, 막걸리, 김치.
   2) 열량이 낮고 건강에 유익하다.
   3) 떡볶이의 씹는 맛과 김치의 냄새.
   4) 우리와 입맛이 다른 현지 사람들을 배려해야 한다.
3. 1) O 2) X 3) X 4) O

Ⅳ. 관련 읽기

1. ① 2. ③ 3. 생략.

제24과 생활 속의 스마트 기술

Ⅰ. 어휘 연습

1. 1) 기기 2) 강연 3) 상품화 4) 고해상도
2. 1) 출시되다 2) 평평하다 3) 펼치다
   4) 휘다 5) 입력하다 6) 개선하다
3. 1) 연동 2) 작동 3) 인식 4) 인공지능
   5) 감지

Ⅱ. 내용 이해

1. 생략.
2. 1) 스마트폰.
   2) 스마트폰의 키보드는 크기가 작아 글자를 입력하기가 불편하기 때문에.
   3) 수첩형 스마트폰, 볼펜형 스마트폰.
   4) 고해상도 화면은 동영상이나 사진을 감상할 때 이용, 흑백 화면은 전자책이나 신문을 읽을 때 이용.
3. 1) O 2) X 3) O 4) X

Ⅳ. 관련 읽기

1. ④
2. 1) X 2) O 3) X
3. 생략.

제25과 북한 핵보유 선언, 그 해결책은?

Ⅰ. 어휘 연습

1. 1) 독립, 독신, 출마 - 선언하다
   2) 현실, 진실, 노력 - 외면하다
   3) 출입, 교통, 자신 – 통제하다
   4) 에어컨, 시설, 공장 - 가동하다
   5) 가능성, 감정, 간섭 - 배제하다
   6) 기록, 주택, 특허 - 보유하다
2. 1) 궁핍 2) 핵무기 3) 충성 4) 결속 5) 제재
3. 1) 비핵화 2) 핵확산 3) 핵무장 4) 핵우산
   5) 핵사찰
   6) 핵사찰 7) 핵확산 8) 비핵화 9) 핵우산
   10) 핵무장

Ⅱ. 내용 이해

1. ③
2. 1) O 2) X 3) O 4) X
3. 첫째, 대외적으로는 북한체제에 대한 미국이나 국제사회의 간섭을 배제하는 수단이고
   둘째, 대내적으로는 강대국의 상징이자 체제

결속을 위한 수단이기 때문이다.

Ⅳ. 관련 듣기

1. ② 2. ② 3. 생략.

第26과 대북관계, 당근과 채찍 모두 필요해

Ⅰ. 어휘 연습

1. 1) 수해 2) 순진해서 3) 비방하는 4) 도발
   5) 굳건히 6) 퍼주는 7) 단호한
2. ① 취지 ② 유도하다 ③ 개방 ④ 정착
   ⑤ 기여하다
3. 1) 협력 2) 구호 3) 협상 4) 갈등
   5) 인도주의

Ⅱ. 내용 이해

1. 생략.
2. 1) 대북지원에 반대하는 여론이 힘을 얻고 있다.
   2) 평화를 유지할 수 있고, 자연스럽게 북한의 개방을 유도할 수 있다.
   3) 경제적 이득만 취하고 그 이득을 체제를 굳건히 하는 데 이용하고 있다.
   4) 남자토론자 – 경제적 지원과 교류 확대를 해야 함.
   여자토론자 – 평화 파괴 행위에 대해 책임을 물을 수 있는 강경정책과 능력을 갖추어야 함.
3. 1) X 2) O 3) O 4) O

Ⅳ. 관련 읽기

1. ④
2. 1) X 2) X 3) O 4) X
3. 우리의 최소한의 의무이고 인도주의 차원에서도 북한의 상황을 외면할 수 없기 때문에.

第27과 군복무기간 단축, 문제점은?

Ⅰ. 어휘 연습

1. 1) 육군 2) 해군 3) 포병 4) 보병
   5) 공군 6) 사병
2. 1) 역행하는 2) 호전되어서 3) 대비해
   4) 전제되어야
3. 1) 모병제 2) 입영통지서 3) 해병대
   4) 입대 5) 부대 6) 제대 7) 면회

Ⅱ. 내용 이해

1. ②
2. ①
3. 1) 병사의 전투 숙련도 약화.
   2) 예산 부족. (추가 예산이 필요함)

Ⅳ. 관련 듣기

1. ②
2. 1) 찬 2) 반 3) 반 4) 찬
3. 휴전 중인 상태.

第28과 친환경, 생활 속 작은 습관부터 실천해야

Ⅰ. 어휘 연습

1. 1) ① 2) ③ 3) ③ 4) ① 5) ②
2. 1) 자문 2) 절감 3) 공유
   4) 감축 5) 조성 6) 신재생에너지
3. 1) 유해한 2) 중금속 3) 유기농
   4) 천연 5) 분리수거 6) 오염될

II. 내용 이해

1. ②
2. 1) X 2) O 3) X 4) O
3. 조경, 소방, 청소용수로 활용.

IV. 관련 듣기

1. ①
2. 1) X 2) O 3) X 4) O
3. 생략.

제29과 북극 얼음 면적 최소치 기록

I. 어휘 연습

1. 1) 면적 2) 기상 3) 두께 4) 최저치
   5) 북극해 6) 냉각기 7) 온난화
2. 1) 심상치 않은 2) 관측되었다고
   3) 경고했다는 4) 반사시키며 5) 초월한
3. 1) – 나) 2) – 가) 3) – 다)
   4) – 마) 5) – 라

II. 내용 이해

1. 생략.
2. 1) 거의 50%감소했다.
   2) 얼음이 녹는 속도가 점점 빨라진다.
   3) 지구에 닿는 태양열의 90%를 반사시키는 지구 냉각기 역할을 한다.
3. 1) O 2) O 3) X 4) O

IV. 관련 읽기

1. ④
2. ②
3. 긍정적 결과 – 자원 개발.
   부정적 결과 – 지구 온난화 속도가 빨라짐.

제30과 되살아난 하천, 되돌아온 물고기

I. 어휘 연습

1. 1) 지점 2) 서식 3) 하천
   4) 산업화 5) 성과
2. 1) 밀집되다 2) 책정되다 3) 완료되다
   4) 펼치다 5) 결성하다
3. 1) 폐기물 2) 해양투기 3) 청정해역
   4) 남획 5) 멸종

II. 내용 이해

1. 생략.
2. 1) 20여 종류.
   2) 물고기가 한 마리도 살 수 없을 정도로 오염되어서.
   3) 시민단체.
   4) 수질을 유지하기 위한 제도적 뒷받침.
3. 1) O 2) O 3) X 4) X

IV. 관련 읽기

1. ④
2. 1) X 2) O 3) X
3. 생략.

참고 자료

	관련 기관/기구	홈페이지 주소
1	한국매니페스토 실천본부	www.manifesto.or.kr
	중앙선거관리위원회	www.nec.go.kr
2	국제투명성기구	www.transparency.org
3	정규재TV	jkjtv.hankyung.com
	참깨방송	www.chamgge.com
	시사난타H	www.podbbang.com/ch/1918
4	굿네이버스	www.goodneighbors.kr
	아름다운 재단	www.beautifulfund.org
5	국제앰네스티 한국지부	www.amnesty.or.kr
6	통계청	www.kostat.go.kr
	보건복지부	www.mw.go.kr
	고용노동부	www.moel.go.kr
	여성가족부	www.mogef.go.kr
7	행복지수 (영국신경제재단)	www.happyplanetindex.org
	행복지수 (경제협력개발기구)	www.oecdbetterlifeindex.org
8	교육부	www.moe.go.kr
	한국여성단체협의회	www.kncw.or.kr
	미국교육부	www.ed.gov
9	세계보건기구(WHO)	www.who.int
	한국금연운동협의회	www.kash.or.kr
10	법무부	www.moj.go.kr
	한국예술문화단체총연합회	www.yechong.or.kr
	문화체육관광부	www.mcst.go.kr
11	영상물등급위원회	www.kmrb.or.kr
12	문화재청	www.cha.go.kr
13	원자력안전위원회	www.nssc.go.kr
14	브레인	www.brainmagazine.co.kr
15	한국소비자단체협의회	www.consumer.or.kr
	식품의약품안전처	www.mfds.go.kr
	농림축산식품부	www.mafra.go.kr
	특허청	www.kipo.go.kr
	한국바이오안전성정보센터	www.biosafety.or.kr
16	피어슨	www.pearson.com

17	병무청	www.mma.go.kr
	미래창조과학부	www.msip.go.kr
	국립과천과학관	www.sciencecenter.go.kr
18	서울시 교육청	www.sen.go.kr
	교육부	www.moe.go.kr
19	자유경제스쿨	www.freemarketschool.org
	자유경제원	www.cfe.org
	바른사회시민회의	www.cubs-korea.org
	참여연대	www.peoplepower21.org
	전국민주노동조합총연맹	www.nodong.org
	경제정의실천시민연합	www.ccej.or.kr
20	한겨레경제연구소(HERI)의 착한 경제	goodeconomy.hani.co.kr
21	산업통상자원부	www.motie.go.kr
22	한국동물보호협회	www.koreananimals.or.kr
	동물학대방지연합	www.foranimal.or.kr
23	한식세계화 공식 포털	www.hansik.org
24	미래창조과학부	www.msip.go.kr
25	국방부	www.mnd.go.kr
	외교부	www.mofa.go.kr
	유엔	www.un.org
	국제원자력기구	www.iaea.org
26	대북협력민간단체협의회	www.kncck.or.kr
	대한적십자사	www.redcross.or.kr
	국방대학교 안보문제연구소	www.kndu.ac.kr
	통일부	www.unikorea.go.kr
27	대한민국 육군	www.army.mil.kr
	대한민국 공군	www.airforce.mil.kr
	대한민국 해군	www.navy.mil.kr
	대한민국 해병대	www.rokmc.mil.kr
	병무청	www.mma.go.kr
28	환경부	www.me.go.kr
	친환경농산물정보시스템	www.enviagro.go.kr
	녹색제품정보시스템	www.greenproduct.go.kr
	에너지관리공단	www.kemco.or.kr
29	북극이사회	www.artic-council.org
	국립빙설자료센터(NSIDC)	www.nsidc.org
30	환경부	www.me.go.kr

〈방송사〉

KBS (한국방송공사)	www.kbs.co.kr
MBC (문화방송)	www.imbc.com
SBS (서울방송)	www.sbs.co.kr
YTN (연합 텔레비전 뉴스)	www.ytn.co.kr
한국경제TV	www.wowtv.co.kr
연합뉴스	www.yonhapnews.co.kr

〈신문사〉

경향신문	www.khan.co.kr
동아일보	www.donga.com
매일경제신문	www.mk.co.kr
조선일보	www.chosun.com
중앙일보	joongang.joins.com
한겨레 신문	www.hani.co.kr
한국경제	www.hankyung.com

어휘 색인

ㅇ

ㅈ

ㅊ